Cognitive Developmental Psychology
of apologies and feelings of guilt

謝罪と罪悪感の認知発達心理学

田村綾菜 著 Ayana Tamura

ナカニシヤ出版

まえがき

　子どもたちがけんかしている場面に遭遇した時,「ごめんね」という言葉に対していとも簡単に「いいよ」と答える,ある種パターン化されたやりとりをよく目にする。そのような場面をみていると,「ごめんね」という言葉は,子どもにとってみれば唱えるだけですべて解決する素敵な呪文のようなものなのかと感じる。その一方で,「ごめんで済んだら警察いらん」と言って,絶対にその言葉を受け入れない子どもや,親や先生,周りの子どもたちから謝るように強く促されても,頑なに「ごめんね」を言わない子どもの姿を目にすることも少なくない。まるで,「ごめんね」という言葉を,受け入れたり,口にしたりしたら最後,この世が終わってしまう不吉な呪文であるかのように考えているのかと思ってしまう。子どもにとって「ごめんね」という言葉はどのような意味を持っているのだろうか。本書はこのような素朴な疑問をきっかけに始まった著者の拙い研究をまとめたものである。

　世の中には,どのように謝るのがよいかといった,謝罪の技術に関する本が多く出版されている。このことは,私たちが日常的に謝罪する機会がいかに多く,また,適切に謝罪できることが対人関係を良好に保つ上でいかに重要かということを示すものであるといえる。一般的にも重要と考えられているこの「謝罪」は,心理学の分野においても古くから研究されてきた。これまで,主に社会心理学の分野において,謝罪にはどのような意味があり,対人関係の中でどのような機能をもつのかということが検討され,さまざまなことが明らかにされてきた。そして,これまでの謝罪研究に関する知見をまとめた本も出版されている(大渕憲一 (2010)『謝罪の研究:釈明の心理とはたらき』東北大学出版会)。そこでは,成人を対象とした研究を中心に,人はなぜ謝罪するのか,謝罪にはどのような機能があるのかといった問題に焦点があてられている。

　それに対し,本書では,児童期の子どもを対象とし,特に,「悪いと思っていなくても謝る」という道具的な謝罪に着目して行った研究の紹介を中心に,子

ども自身がどのように謝罪を捉え，どのように謝罪を使用しているのか，また，謝罪を促されることによって子ども自身にどのような影響があるのかという問題を扱っている。本書の出版によって，今後，子どもの対人葛藤場面における謝罪について，さらなる研究が積み重ねられることが期待される。また，研究者以外の読者にとっても，対人葛藤場面において発達段階に応じた介入方法を考える手がかりとなれば幸いである。

 2013年1月

田村綾菜

目　次

まえがき　*i*

第1章　序　論……………………………………………1
第1節　はじめに　1
第2節　謝罪とは　3
第3節　加害者の謝罪の発達　5
第4節　被害者の謝罪認知の発達　7
第5節　本書の目的と構成　10

第2章　加害者の謝罪の発達的変化……………………13
第1節　本章の目的　13
第2節　［研究1］加害者の謝罪と罪悪感の関連　15
第3節　［研究2］児童が謝罪する理由の発達的変化　23
第4節　第2章のまとめ　30

第3章　被害者の謝罪認知の発達的変化………………33
第1節　本章の目的　33
第2節　［研究3］加害者の言葉と表情の影響①　36
第3節　［研究4］加害者の言葉と表情の影響②　51
第4節　第3章のまとめ　61

第4章　対人葛藤場面において謝罪を促す効果………63
第1節　本章の目的　63
第2節　［研究5］謝罪を促すことが加害者の罪悪感に及ぼす影響　66

第3節　［研究6］謝罪を促すことが被害者の謝罪認知に及ぼす影響
　　　　　69
　　　第4節　第4章のまとめ　74

第5章　総合考察 ……………………………………………… 77
　　　第1節　研究1〜6のまとめ　77
　　　第2節　児童期における謝罪の認知プロセス　80
　　　第3節　本書の意義　82
　　　第4節　今後の課題と展望　84

文　献　89
初出一覧　95
あとがき　97
索　引　99

1 序　論

第1節　はじめに

　他者との関係を良好に保つためには，相手の気持ちを理解し，相手に嫌な思いをさせないように行動することが重要である。しかし，もし嫌な思いをさせてしまった場合に，関係を修復する行動もまた重要であるといえる。そのような行動のひとつに「謝罪（apology）」がある。本書では，対人葛藤場面における謝罪を児童がどのように認知するのかということについて，罪悪感との関連を中心に，加害者と被害者という2つの立場から，それぞれの発達的変化を検討する。

　謝罪は，対人葛藤場面において加害者が最もよく用いる言語的方略とされ（Itoi, Ohbuchi, & Fukuno, 1996），対人葛藤を円滑に解決するのに有効な方略であるといわれている（Ohbuchi, Kameda, & Agarie, 1989）。また，対人場面における適切な行動を獲得するためのソーシャルスキルトレーニングでは，「適切に謝ることができる」ことを獲得すべきスキルとして設定することがよくある。これらのことは，「悪いことをしたら謝る」という社会的ルールを理解し，謝罪できるようになることが，他者との関係を維持していく上で重要であり，社会生活を営む上で必要なスキルであることを示している。

　子どもは幼い頃から何か悪いことをしたら謝るように教えられ，そのスキルを身につけていく。そして，2歳頃には「ごめんね」という言葉を使用するようになる（Ely & Gleason, 2006；松永，1993）。初めは，モデルとなる保育者の行為を模倣したり，保育者が介入したりすることによって謝罪するが，徐々に自発的に謝罪できるようになる。

　しかし，「ごめんね」と言えば，必ず対人葛藤が解決されるわけではない。謝

罪を行った加害者が許容されるためには，被害者から共感を得ることが必要であると指摘されている（McCullough, Rachal, Sandage, Worthington, Brown, & Hight, 1998）。すなわち，謝罪を通して，「悪いことをした」という気持ちが相手に伝わってはじめて，対人葛藤が解決にむかうのだといえる。

もちろん，大人が子どもに謝ることを教える際，子どもに身につけてもらいたいのは，「悪いことをした」という気持ちを伴う誠実な謝罪である。そのため，先行研究では，子どもがいつ頃誠実な謝罪ができるようになるのか，誠実な謝罪ができるようになるために必要な認知的な能力は何かなどについて検討されてきた。

しかし，謝罪できるようになったからといって，私たちは常に罪悪感を伴う誠実な謝罪をするわけではない。たとえ悪いと思っていなくても，その場をしのぐために，とりあえず謝るということも少なくない。このことから，謝罪の発達を考える上で，子どもが謝罪を社会的ルールとして学習し，誠実な謝罪ができるようになるという発達を捉えるだけでは不十分であり，「悪いと思っていなくても謝る」という，謝罪の道具的な使用という側面についても検討していくことが必要ではないだろうか。

また，被害者の立場から考えると，加害者は常に悪いと思って謝っているわけではないのだから，その謝罪が誠実なのかどうかを見極めることが必要である。中川・山崎（2005）は，「違反の繰り返しを減少させ，当事者間の関係を良好なものにする」ということを「本質的な対人葛藤解決」として，そのためには，「道具的謝罪ではなく誠実な謝罪が必要」であると指摘している。その理由として，「誠実な謝罪を行った場合，加害者は責任を受容し罪悪感を認識していることから違反が繰り返される可能性が低くなることが予測される。また，加害者は自らの非を認めているため，対人葛藤や被害者に対する不満が残る可能性が低く，道具的謝罪を用いる場合と比べると，謝罪後の当事者間の関係は良好になると考えられる」と述べている。言い換えれば，もし加害者の謝罪が，責任の受容や罪悪感の認識が伴っていない道具的謝罪であった場合，違反が繰り返される可能性が高くなるといえる。したがって，本質的な対人葛藤解決のためには，被害者は加害者の道具的謝罪に気づき，ときには謝罪を受け入れないということも必要となる。

以上のような観点から，本書では，子どもの謝罪の道具的な側面，および，謝罪の識別という問題に着目する。
　さらに，子どもが道具的に謝罪したり，加害者の謝罪を識別したりする過程を明らかにするには，どのような要因が謝罪に影響しているのかを考える必要がある。中川（2004）が指摘しているように，謝罪は他者との相互作用の中で学習される社会的行動（Ladd & Mize, 1983）のひとつであり，道徳行動や社会的行動にモデリングが果たす役割は大きい（Berkowitz & Grych, 1998）ことなどから，対人葛藤場面における第三者の介入行動が子どもの謝罪に与える影響は大きいと考えられる。そこで，本書では，第三者の介入が子どもの謝罪に関する認知に及ぼす影響ついても検討することとした。
　以下では，まず，謝罪の定義と先行研究の概要を確認し，最後に本書の目的と構成について述べる。

第2節　謝罪とは

　これまでの心理学研究の中で，謝罪は弁明（accounts）の一種として位置づけられてきた。弁明とは，違反を犯した加害者が葛藤を解決するために取る言語的方略である（Itoi et al., 1996；Shönbach, 1980）。弁明は，「その出来事を引き起こしたのは自分である」という出来事と自分の行為との因果関係の認識や，「その出来事は悪い結果を引き起こした」という結果の有害性の認識，および，「その被害には自分に責任がある」という個人的責任の認識という3つの基準に基づき，否認（denial），正当化（justification），弁解（excuse），謝罪（apology）の4つに分類される（Itoi et al., 1996；Shönbach, 1980）。これら4つの分類を図に示したものが Figure 1-1 である。
　まず，そもそも問題となっている出来事と自分の行為との因果関係を認めない，つまり，「自分はやってない」ということを主張するのが「否認」である。また，問題となっている出来事と自分の行為との因果関係は認めるものの，結果の有害性を最小化しようとする，つまり，「自分がやりました。でも，そんなに悪いことは起こっていない」ということを主張するのが「正当化」である。さらに，因果関係と結果の有害性を認めるものの，個人的責任を最小化しよう

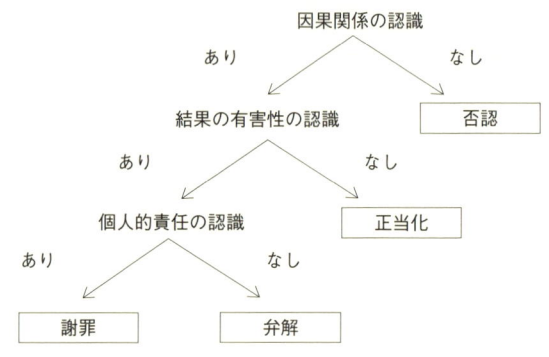

Figure 1-1. 弁明の分類 (Itoi et al., 1996より作成)

とする．つまり，「自分がやりました．その結果，悪いことが起こりました．でも，自分だけのせいではない（例えば，「（お互いに）運が悪かった」，「相手も悪かった」など）」ということを主張するものが「弁解」である．そして，因果関係も，結果の有害性も，個人的責任も認めた上で，葛藤を解決するために行われる弁明が「謝罪」として分類される．つまり，対人場面において，自分の行為によって相手に被害をもたらしたという認識があり，その責任は自分にあると感じ，その葛藤を解決しようとして相手に何らかの発言をした場合，その言葉が「謝罪」であるといえる．

　上述の定義からわかるように，謝罪は「ごめん」という言葉だけに限定されない．Schlenker & Darby (1981) は，謝罪を，1）「どうもすみません (Pardon me)」とだけ言う，2）「ごめんなさい (I'm sorry)」と言う，3）自責の感情を表出する，4）被害者に助けを申し出る，5）被害者の許しを乞うために何事か言ったり行ったりする，6）その状況に対して自ら厳しく批判する，という6種類に分類している．このように，謝罪は多様な表現を含むものである．

　しかしながら，発達的にみると，「悪いことをしたら謝る」といった場合，「ごめん」という言葉こそが代表的な謝罪であると考えられる．本書では子どもの謝罪に焦点をあてることから，因果関係の認識もあり，結果の有害性の認識もあり，個人的責任も認めた上での「ごめん」という言葉の表出を「謝罪」と定義する．

第3節　加害者の謝罪の発達

　本節では、謝罪するという行為がどのように発達するのかということについて、先行研究を概観する。

　松永（1993）は、保育園での自由遊び場面について、0歳児から卒園までを縦断的に観察し、1歳半頃には、相手の子どもの頭を撫でるなどの謝罪行為と思われる身体的表現がみられ、2歳頃になると「ごめんね」という言語的謝罪を行うようになると報告している。また、9名の子どもとその親との日常会話について、1歳から6歳までを縦断的に分析した Ely & Gleason（2006）も、2歳以前に謝罪の言葉を使用することは稀であるとしている。

　「ごめんね」という謝罪の言葉を使い始めるこの時期は、保育者の示すモデルを模倣したり、保育者が介入したりすることによって謝罪行為がみられる段階である（松永, 1993）。したがって、そこには自発的に「葛藤を解決しよう」という意識はない可能性が高い。しかし、そうして謝罪を繰り返すうちに、どういう状況で「ごめんなさい」というべきなのかを学び、謝ることで葛藤が解決されることに気づくようになるのだろう。このような気づきのことを、芝崎（2008）は「謝罪効果の認識（recognition of apologies effect）」と呼んでいる。この謝罪効果の認識は、4歳から6歳にかけて高まるとされ、子どもが謝罪を多用するようになる背景のひとつであると考えられている。

　また、謝罪を多用するようになる幼児期において、子どもが用いる謝罪は少しずつ変化していく。まず、幼い子どもの謝罪は、保育者から怒られるという罰を回避するために行われることが多い。このような、何らかの目的を達成するために行われる謝罪のことを道具的謝罪（instrumental / perfunctory apology）という（中川・山崎, 2004）。これに対し、責任を受容し、罪悪感の認識を伴った謝罪のことを誠実な謝罪（sincere apology）という（中川・山崎, 2004, 2005；Tavuchis, 1991）。中川・山崎（2005）は、5～6歳児を対象に仮想場面を用いた調査を行い、誠実な謝罪の出現時期について検討している。具体的には、子ども同士がおもちゃを取り合う場面において、おもちゃを取り上げた加害者の子どもが、泣いてしまった被害者の子どもに謝罪したという仮想

の物語を聞かせた。そして，加害者の子どもは被害者の子どもが泣いているのは自分のせいだと思っているかという「責任の受容」についての質問と，加害者の子どもは被害者の子どもに悪いことをしたと思っているかという「罪悪感の認識」についての質問を行った。その結果，5歳児のほとんどが，責任は受容しているが，罪悪感は認識していないという反応を示した。一方，6歳児では，ほとんどの子どもが責任を受容し，かつ罪悪感を認識しているという反応であった。この結果から，子どもが誠実な謝罪ができるようになるのは6歳以降であり，それ以前の子どもの謝罪の多くは罪悪感の伴わない道具的謝罪であることが示唆された。

また，中川・山崎（2004）は，4歳児と6歳児を対象に仮想場面を用いた調査を行い，謝罪の種類と相手との親密性の関連を検討している。具体的には，中川・山崎（2005）と同様の仮想場面を用いて，加害者が被害者に謝ったのはどうしてだと思うかを尋ね，「先生が見ているので，先生に叱られたら嫌だから謝ろうと思って謝った（道具的謝罪）」，もしくは，「おもちゃを取ってしまって，ゆうくんに悪いことしたなと思って謝った（誠実な謝罪）」のいずれかを選択するように求めた。その結果，4歳児は相手との親密度に関係なく道具的謝罪を選ぶのに対し，6歳児では親密度の低い相手には道具的謝罪，親密度の高い相手には誠実な謝罪を選んだ。この結果から，6歳頃には，誠実な謝罪が可能となるだけでなく，それまで使用してきた道具的謝罪と誠実な謝罪とを使い分けていることが示唆された。

ただし，5歳児であっても，被害者の感情を推測するように促すことによって，誠実な謝罪が可能となることも示されている（中川・山崎，2005）。したがって，5歳児は被害者に誠実な謝罪をしないのではなく，被害者の感情を推測する能力が十分に備わっていないために罪悪感を認識することが難しい可能性がある。

しかし，被害者の感情を推測する能力が十分に備わっていたとしても，謝罪が必ずしも誠実であるとは限らない。齊藤・荻野（2004）は，成人を対象に，内心からの謝罪と表向きの外への発言としての謝罪を区別して調査を行ったところ，発言上謝罪をするが，内心は謝罪する気持ちを持っておらず，謝罪が対人場面における印象操作の方法として多用されていることを示唆している。

以上の先行研究をまとめると，加害者の謝罪の発達過程はおよそ以下のような経過をたどるといえる。まず，子どもは2歳頃に「ごめんね」という言語的な謝罪ができるようになる。4歳から6歳頃にかけて，謝罪効果の認識が発達するにつれ，謝罪を多用するようになる。ただし，幼児期の初期は，保育者の罰を回避することを目的とした道具的謝罪が多く，他者の感情を推測する能力が発達する6歳頃には，罪悪感の認識を伴う誠実な謝罪ができるようになる。しかし，それ以降も状況によって誠実な謝罪と道具的謝罪を使い分けており，成人になっても，謝罪が対人場面における印象操作の方法として多用されている。

第4節　被害者の謝罪認知の発達

　謝罪は被害者から許容を得るための行動であり，葛藤解決を期待して行われるものである。したがって，謝罪の結果，被害者がその加害者をどのように評価し，どのような感情を抱くのかという謝罪認知の発達を検討することは，謝罪の発達を考察する上でも重要な観点のひとつである。本節では，謝罪に対する判断がどのように発達するのかということについて，先行研究を概観する。
　謝罪に対する子どもの判断がどのように発達するのかに関する研究のひとつの領域として，道徳判断の発達研究があげられる。この領域の研究では，仮想場面において，違反を犯した登場人物の行為の善悪判断をしてもらう際に，謝罪に関する情報を提示し，その情報によって判断がどのように異なるかを調べるという実験パラダイムが用いられている。
　Piaget (1932) 以降，子どもの道徳判断に関する研究は，「行為の意図」と「結果の重大性」という2つの基準に焦点があてられており，3～4歳児であっても条件によっては意図を考慮した判断ができるということが明らかになっている。例えば，Nelson (1980) は，3～4歳児と6～8歳児を対象に，意図（よい，悪い）と結果（よい，悪い）を組み合わせた4種類の仮想のお話を，言葉のみで呈示する（図なし）条件と，吹き出しで意図を明示する（図明示）条件，主人公の表情で意図を暗示する（図暗示）条件の3条件を設け，子どもの道徳判断について検討した。その結果，3～4歳児でも，意図が明らかにわかりや

すい図明示条件では意図の情報に着目し，道徳判断を行うことがわかった。

しかし，幼児にとっては，「行為の意図」や「結果の重大性」などの基準よりも，謝るかどうかといった「謝罪の有無」の基準の方がより理解しやすいとされる（Irwin & Moore, 1971；Wellman, Larkey, & Somerville, 1979）。例えば，Wellman et al.（1979）は，3〜5歳児を対象に，行為の意図（故意－偶発）と被害の程度（大－小）の条件に加え，謝罪の有無の条件を設定し，道徳判断を行わせた。具体的には，友達にけがをさせた男の子が謝るお話と謝らないお話の2つを同時に呈示し，どちらの方がより悪い子かを選択させた。その結果，3歳児でも，謝罪しない加害者の方が悪いと判断していることがわかった。ただし，この結果は，幼児が「何か悪いことをしたら謝らなければならない」という社会的ルールを理解していることを示しているが，違反行為などの望ましくない出来事に対する責任を認め，後悔を表明するといった謝罪の本来の機能を理解しているとは言いがたい（Darby & Schlenker, 1982）。

そこで，Darby & Schlenker（1982）は，子どもがいつ頃から謝罪の本来の機能を理解しているかを調べるため，6, 9, 12歳児を対象に，子どもの社会的判断に及ぼす謝罪のタイプの影響を検討した。彼らは，何と言って謝るかといった言葉の丁寧さの違いで謝罪を操作し，謝罪なし，道具的謝罪（"Excuse me"），標準的謝罪（"I'm sorry, I feel badly about this."），補償的謝罪（"I'm sorry, I feel badly about this. Please let me help you."）の計4条件を子どもに提示し，許容や制裁に対する態度，加害者に対する評価などをそれぞれ10段階で評定させた。その結果，より念入りな謝罪を行うほど，より非難されず，より許容され，よりよい人と評価され，より好まれることがわかった。また，反省の評価に関して年齢差がみられ，9, 12歳児は，謝罪が丁寧になるほど主人公はより申し訳なく思っていると判断するのに対し，6歳児は，謝罪の条件に関わらず主人公は同程度申し訳なく思っていると判断していた。

また，Ohbuchi & Sato（1994）は，加害者が使用する弁明方略の中から，緩和的弁明（mitigating accounts）と呼ばれる「謝罪」と「弁解（excuse）」に焦点をあて，8歳児（小学2年生）と11歳児（5年生）を対象に，子どもの社会的判断に及ぼす加害者の弁明のタイプの影響を検討している。彼らは弁明の中でも，「自分が違反を犯したことを認めて謝罪する」条件と，「違反を犯したこと

は認めるものの,個人的責任について最小化する発言をする」条件,および,「違反を犯したことを認めるのみで,何も弁明を行わない」条件を設定し,加害者に対する道徳的評価(どれくらい悪いと思うか)などをそれぞれ 5 ～ 7 段階で評定させた。その結果,11 歳児は,弁解した加害者や弁明をしなかった加害者に比べて,謝罪した加害者は,違反を意図的に犯したのではなく,より反省していて,道徳的にあまり悪くないと評価し,より許容することがわかった。しかし,8 歳ではそのような弁明のタイプによる反応の違いはみられなかった。

　Darby & Schlenker(1982)と Ohbuchi & Sato(1994)の結果から考えると,9 歳頃までに,違反を犯した加害者は違反行為などの望ましくない出来事に対する責任を認め,後悔を表明することが必要であると考えるようになることが示唆される。

　さらに,成人を対象とした先行研究においては,言葉の内容だけでなく,言語的あるいは非言語的な手がかりから,加害者の謝罪に罪悪感が伴うかどうかを判断し,その謝罪の誠実さを識別していることが示されている。例えば,土井・高木(1993)は,被害の程度が大きく,加害者に責任がある場合には,加害者の謝罪が加害者に対する被害者の怒りなどの攻撃的感情を抑制するが,加害者に責任がない場合には,加害者の謝罪がかえって感情を悪化させるという逆効果がみられることを報告している。この逆効果について,土井・高木(1993)は,「責任の認識がその主な原因になっていると考えられる」としている。中川・山崎(2004, 2005)が指摘しているように,誠実な謝罪には「責任の受容」と「罪悪感の認識」が伴うとされることを考えると,加害者に責任がない場合,「責任の受容」や「罪悪感の認識」から謝罪を行ったというよりは,道具的に謝罪したと判断される可能性が高いと考えられる。つまり,土井・高木(1993)の結果は,被害者が,道具的謝罪に対して厳しく反応するということを示唆しているといえる。

　また,Hareli & Eisikovits(2006)は,加害者の謝罪がどのような感情によって動機づけられたものかという情報が,被害者の許容に影響するかどうかを検討している。彼らは,罪悪感,恥,哀れみ(pity)の 3 つの社会的感情に焦点をあて,加害者が被害者に謝罪する際,どの感情を持っているかを被害者に直接伝える場合と,第三者が間接的に伝えるという場面を想定してもらい,どの程

度許容するかを7段階で評定してもらった。その結果，直接的か間接的かに関わらず，加害者の謝罪が，罪悪感や恥によって動機づけられたものではなく，哀れみによって動機づけられたものであることを知ると，被害者の許容は抑制されることが示された。さらに，罪悪感によって動機づけられた謝罪は，恥によって動機づけられた謝罪より誠実であると評価されることも明らかにした。

土井・高木（1993）やHareli & Eisikovits（2006）の結果から考えると，被害者は，加害者が謝罪した動機となる感情の情報をもとにその謝罪を識別しており，特に罪悪感の有無がその謝罪の誠実さの指標となることが示唆される。

さらに，早川・荻野（2008）は，加害者の非言語的な情動表出行動が謝罪の評価に影響を与える影響を検討し，謝罪の言葉はあるが罪悪感がないと思われる行動（「さっさとご飯を食べ始める」）を示す場合よりも，謝罪の言葉はなくても罪悪感があると思われる行動（「オロオロしていました」）を示した方が，評価が高くなることが明らかになった。この結果から，被害者は，言語的あるいは非言語的な手がかりから，加害者の謝罪に罪悪感が伴うかどうかを判断し，その謝罪の誠実さを識別しているということがいえる。

以上の先行研究をまとめると，被害者の謝罪認知の発達過程はおよそ以下のような経過をたどるといえる。まず，3歳頃までに，「悪いことをしたら謝らなければならない」という社会的ルールを理解し，謝らないよりも謝る方がよいと判断するようになる。その後，9歳頃までに，違反行為などの望ましくない出来事に対する責任を認め，後悔を表明するという謝罪の本来の機能を理解し，加害者が反省しているかどうかという観点から謝罪を識別するようになる。その後，成人になっても，言語的あるいは非言語的な手がかりから，被害者は謝罪の誠実さを識別しており，加害者の謝罪に罪悪感が伴うかどうかが重要な判断基準となっている。

第5節 本書の目的と構成

第3節で述べたように，他者の感情を推測する能力が発達する6歳頃には，罪悪感の認識を伴う誠実な謝罪ができるようになるが，それ以降も状況に応じて，誠実な謝罪と道具的謝罪を使い分けていることが明らかになっている。し

かし，このような「悪いと思っていなくても謝る」という謝罪の道具的な使用という側面について，児童期以降の発達的変化について検討した研究はきわめて少ない。

また，第4節で述べたように，子どもは9歳頃までに，加害者が反省しているかどうかという観点から謝罪を識別するようになるということがわかっている。しかし，言葉の内容を手がかりとして識別していることを示した研究が中心であり，成人を対象とした先行研究のように，非言語的な手がかりから謝罪の誠実さを識別するのかどうかという点については検討が不十分である。

そこで，本書では，児童期の子どもを対象とし，すでに誠実な謝罪ができるようになった子どもがそれを道具的謝罪とどのように使い分けているのか，その発達的変化を明らかにすること，また，非言語的な手がかりに焦点をあてることで，子どもが謝罪を識別するようになる発達的変化をより詳細に明らかにすることを目的とする。そして，これらの発達的変化に影響を及ぼすと考えられる第三者の介入の効果についても検討することで，子どもの対人葛藤場面における介入方法への示唆を得ることを目指す。

本書の構成は以下の通りである。

まず，第2章では，加害者の立場に焦点をあてた研究を2つ述べる。研究1では，誠実な謝罪が可能となったばかりであると考えられる7歳以降の児童期初期の子どもを対象に，対人葛藤場面における謝罪に罪悪感が伴っているのかどうかについて検討する。さらに，研究2では，誠実な謝罪と道具的謝罪のどちらも行えるようになった児童を対象に，どのような目的から謝罪するようになるのか，その発達的変化を検討する。

第3章では，被害者の立場に焦点をあてた研究を2つ述べる。研究3と研究4では，「非言語的な手がかり」として表情を用いて，児童期における子どもの謝罪認知の発達的変化を検討する。

第4章では，第三者の介入行動に焦点をあてた研究を2つ述べる。研究5では，第三者の介入が加害者の罪悪感に及ぼす影響について，研究6では，第三者の介入が被害者の謝罪認知に及ぼす影響について検討する。

そして，第5章では，各研究で得られた知見をまとめ，本書で述べた研究の意義と今後の課題，および，展望について述べる。

2 加害者の謝罪の発達的変化

第1節 本章の目的

　本章の目的は，加害者の立場から，児童期における謝罪の特徴を明らかにすることである。

　前章で述べた通り，謝罪は大きく2つに分類することができる。ひとつは，責任を受容し，罪悪感の認識を伴った誠実な謝罪（sincere apology），もうひとつは，罰の回避や仲間拒否を避けるなど，何らかの目的を達成するために行われる道具的謝罪（instrumental/perfunctory apology）である（中川・山崎，2004，2005；Tavuchis, 1991）。発達的にみると，幼児期には，保育者からの罰の回避を目的とした道具的謝罪が多いが，6歳頃までに誠実な謝罪を獲得すると言われている（中川・山崎，2004，2005）。

　しかし，誠実な謝罪を獲得したからといって，私たちは常に罪悪感を伴う謝罪をするわけではない。例えば，大人を対象とした研究において，日本人は発言上謝罪するが，内心は謝罪する気持ちは持っておらず，対人関係を重視し，表面上自分の方が社会的関係で劣位にあることを示すという印象操作の方法として多用していることが示唆されている（齊藤・荻野，2004）。このことから，謝罪の発達を考える上で，子どもが謝罪を社会的ルールとして学習し，誠実な謝罪ができるようになるという発達を捉えるだけでは不十分であり，「悪いと思っていなくても謝る」という謝罪の道具的な使用という側面についても検討していくことが必要であると考えられる。

　そこで，まず研究1では，誠実な謝罪を獲得してすぐの時期である小学校低学年の児童を対象に，「悪いと思っていなくても謝る」ということがどの程度行われているのかを調べることとした。ここでは操作的に，罪悪感を伴う謝罪を

「誠実な謝罪」，罪悪感を伴わない謝罪を「道具的謝罪」と定義し，日常場面と仮想場面を用いて検討した。

また，謝罪の発達的変化を明らかにする上で，子どもがどのような目的で謝罪をしているのかを調べることはひとつの手がかりとなると考えられる。そこで，研究2では，児童が謝罪する理由が学年によってどのように変化するのかを横断的に検討した。

ところで，謝罪する理由にはさまざまなものが考えられるが，先行研究では，幼児期において，「保育者からの罰の回避」を目的とした道具的謝罪が多いことが指摘されている（中川・山崎，2004）。しかし，幼児期に限らず，児童期においても先生から怒られるのを避けるために謝ることは多いのではないかと考えられる。その一方で，道徳判断に関する領域では，8歳前後に他律的な道徳から自律的な道徳へと発達することが広く知られており（cf. Piaget, 1932），謝罪の理由についても「罰の回避」という他律的なものから，他の自律的なものへと発達する可能性が考えられる。そこで，研究2では，謝罪する理由のひとつとして「罰の回避」を取り上げ，児童が謝罪する際にどの程度「罰の回避」を目的としているのかを調べることとした。

また，子ども同士の相互作用において，親密性は重要な役割を果たしており（Doyle, Connolly, & Rivest, 1980），仲間との葛藤場面において，加害者が謝罪する理由にも，被害者との親密性が大きな影響を及ぼすと考えられる。特に，児童期には，友達集団への受け入れについての関心が増加するといわれており（Parker & Gottman, 1989），幼児期に比べて仲間関係の比重が増大する時期であることから，保育者からの罰の回避よりも，親密な相手から嫌われることを避けることが謝罪の目的として重要になってくるのではないかと考えられる。そこで，本研究では，「相手から嫌われることを避ける」という目的を「印象悪化回避」と呼び，謝罪する理由のもうひとつの指標とすることとした。

そして，上述の通り，加害者が謝罪する理由には，被害者との親密性が大きな影響を及ぼすと考えられることから，親密性の高低によって，児童が謝罪する理由に違いがあるのかどうかも合わせて検討した。これまでの研究において，被害者との親密性が高いときに，加害者は弁明や正当化という弁明方略に比べ，謝罪を選択する傾向があることや，被害者が加害者に抱く印象の悪化が

抑制されやすいことなどが明らかになっている（Fukuno & Ohbuchi, 1998；芝崎, 2008）。しかし，これらの研究からは，加害者が親密性の高い相手に対して謝罪する際に，印象悪化を回避しようとしているのかといった，被害者との親密性と加害者が謝罪する理由との関連は明らかになっていない。被害者との親密性と，加害者が謝罪する理由との関連を調べることによって，児童が対人葛藤場面において謝罪することの機能をどのように理解しているのかについて，新たな知見が得られるものと考える。

第2節　［研究1］加害者の謝罪と罪悪感の関連

◆ 調査1

目　的

調査1では，誠実な謝罪を獲得した直後の時期にあたる小学校低学年の児童を対象に，日常場面における謝罪のエピソードを収集することを目的とした。

方　法

対象児

京都市内の学童保育所に通う児童19名を対象に調査を実施した。内訳は，1年生8名（女子6名，男子2名），2年生11名（女子4名，男子7名）であった。

手続き

対象児が通う学童保育所の一室にて，個別のインタビュー調査を行った。具体的な質問の内容は以下の通りであった。

謝罪経験質問：［○○くん／○○ちゃん］は，お友達に謝ったことはあるかな？

（以下，「ある」と答えた場合に質問）
エピソード質問：それは，どういうことがあったとき？

謝罪時の感情質問：謝ったとき，［○○くん／○○ちゃん］はどんな気持ちだった？

結　果

「謝罪経験質問」について，謝ったことがあると回答したのは19名中15名であった。そして，その15名を対象に行った「エピソード質問」では，12個のエピソードが得られた。それらのエピソードについて，加害行為の意図の有無と物理的被害の有無によって分類した結果を Table 2-1 に示した。

加害行為の意図があり，物理的被害もあるエピソードは，「たたいた」，「人のものを取った」などであった。加害行為の意図があり，物理的被害のないエピソードは，「バカって言った」という言語的攻撃場面であった。加害行為の意図がなく，物理的被害のあるエピソードには，「たたかいごっこで人をこかしちゃった」，「水をこぼした」，「ドッヂボールを頭とか顔にぶつけた」というものがあった。加害行為の意図が不明で，物理的被害のないものとしては，「友達をとりあった」というエピソードがあった。「けんかをした」という回答が4つ得られたが，けんかのきっかけが不明であり，けがなどの物理的被害を含む場合もあれば，ただの言い合いのみの場合もあることから，加害行為の意図も物理的被害の有無も不明として分類した。

また，「謝罪時の感情質問」に関して，謝ったことがあると回答した15名中，「悪いことをしたと思った」など，直接罪悪感に言及した者が3名，その他の回答をした者が6名で，残りの6名は無回答であった。その他の回答には，「ごめんねっていう気持ち」，「もう今度はしないでおこうっていう気持ち」など，罪悪感ともとれる回答をした者が3名，「ぼくがいけなかったかな」，「こっちの水がこぼれたんかな」など，自己の責任を受容している反応が2名いた。残り

Table 2-1．謝ったときのエピソードの分類

加害行為の意図	物理的被害の有無			計
	あり	なし	不明	
あり	3	1	0	4
なし	3	0	0	3
不明	0	1	4	5
計	6	2	4	12

の1名は,「チッ（という気持ち）」と回答した。

考　察

「エピソード質問」の結果より,「けんかをした」というエピソードを除くと,謝罪したエピソードとしては,物理的被害のないものより,物理的被害のあるものの方が多く報告された（Table 2-1）。このことから,小学校低学年の児童にとって,被害が目にみえてわかりやすい状況でよく謝罪する可能性が示唆された。

また,「謝罪時の感情質問」の結果より,子どもが報告したエピソードには,責任の受容や罪悪感の認識の伴う誠実な謝罪が多かったと考えられる。このことは,小学校低学年の児童は,日常的に誠実な謝罪をよく行っていることを示唆している。

しかしながら,経験の自己報告という形式であったため,たまたま想起されたエピソードとして誠実な謝罪が多かった可能性や社会的望ましさの影響から誠実な謝罪を報告した可能性も考えられる。

そこで,調査2では,この問題点を解決するため,複数の仮想場面を用いて,小学校低学年の児童の謝罪は罪悪感を伴うものが多いのかどうかを調べることとした。

◆ 調査2

目　的

調査2では,小学校低学年の児童の謝罪は罪悪感を伴うものが多いのかどうかについて,仮想場面を用いて検討することを目的とした。

その際,齊藤・荻野（2004）を参考に,仮想場面をP-Fスタディ形式の図版で呈示するという方法を用いた。P-Fスタディとは,絵画を用いた場面構成で,フラストレーション時における対人的発話を調べ,その反応を分析し,攻撃性の方向と型からその人の性格を診断する質問紙形式のテストである（cf. Rosenzeig, 1945）。P-Fスタディは回答が発話を求めているので加害者の謝罪

行為が検討しやすいことと,投影法であるため子どもが社会的に望ましい反応をみせようとせず,本心からの反応を得やすいと考えられ(齊藤・荻野,2004),本研究に適している課題であることから,この形式を用いることとした。

方　　法

対　　象

京都市内の学童保育所に通う小学校低学年の児童24名を対象に調査を実施した。内訳は,1年生11名(女子6名,男子5名),2年生13名(女子6名,男子7名)であった。

材　　料

対人葛藤場面を線画で描いたB5判の図版を,女児版と男児版の2種類作成した。作成した図版は,P-Fスタディの図版を参考に,2人の子どもが描かれ,右側の子どもが左側の子どもに被害を与えている場面とした。図版に描かれた子どもの顔はすべて空白であった。さまざまな先行研究で用いられている対人葛藤場面や調査1で得られたエピソードを参考に,加害行為の意図性(偶発,故意,曖昧)と被害内容(物理的,心理的)に着目し,計6つの葛藤場面を用いた(Table 2-2)。

手続き

対象児が通う学童保育所の一室にて,個別のインタビュー調査を行った。「今から絵を見てお話を作るのを手伝ってください」と教示し,図版を1枚ずつ提示しながら,場面の説明を行った。その後,場面ごとに,以下の2つの質問を行った。

　言語反応質問:(加害者を指しながら)この子は何て言うでしょう?

Table 2-2. 仮想場面のエピソード

加害行為の意図性	被害内容	
	物理的	心理的
偶発	ろうかを走っていてぶつかる	友達が描いた絵だと知らずに「へたくそ」という
故意	投げたボールが頭にあたる	ブランコをかわってあげない
曖昧	本を取り合っているうちに本が破れる	遊ぶ約束をしていたのに他の子と遊ぶ

罪悪感質問：(加害者を指しながら) この子は悪いことをしたと思っているかな，思っていないかな？

6つの場面は，意図性について呈示順序をカウンターバランスし，被害内容についてはランダムに呈示した。児童の発言はすべてボイスレコーダーで記録した。

結　果

言語反応

「言語反応質問」に対する子どもの回答を「謝罪」反応と「その他」の反応に分類し，場面ごとに，それぞれの反応を示した子どもの人数と割合を Table 2-3 に示した。「ごめん」あるいは「ごめんなさい」という表現が含まれている反応を「謝罪」反応とし，それ以外はすべて「その他」とした。

場面によって，謝罪する割合が異なるかどうかを検討するため，Cochran の Q 検定を行った。その結果，場面間で謝罪する割合の差は有意であった（$Q(5)=32.78, p<.001$）。しかし，Ryan 法による多重比較の結果，故意－心理的場面のみ謝罪する割合が有意に低く，その他の場面間の差は有意ではなかった。そもそも，故意－心理的場面では，「謝罪」反応がみられず，すべての子どもが「その他」の反応であった。具体的な反応として，ブランコをかわってあげなかったために被害者が「いじわる」と責められる場面で，「じゃあかわってあげ

Table 2-3. 「言語反応質問」に対する場面ごとの各回答者数（%）

加害行為の意図性		被害内容	謝罪	その他
	偶発	物理的	15 (62.5)	9 (37.5)
		心理的	8 (33.3)	16 (66.7)
	故意	物理的	17 (70.8)	7 (29.2)
		心理的	0 (0.0)	24 (100.0)
	曖昧	物理的	8 (33.3)	16 (66.7)
		心理的	7 (29.2)	17 (70.8)

る」とすぐに交代を申し出る反応や,「もうちょっと乗らせて」「30秒したらかわるよ」などと条件つきで交代を申し出る反応の他,「絶対かわってあげない」「いじわるでいい」など交代を拒否し続ける反応があった。

罪 悪 感

「罪悪感質問」に対する子どもの回答を「罪悪感あり」と「罪悪感なし」に分類し,場面ごとに,それぞれの反応を示した子どもの人数と割合をTable 2-4に示した。

場面によって,罪悪感を持つ割合が異なるかどうかを検討するため,CochranのQ検定を行った。その結果,場面間で罪悪感を持つ割合の差は有意ではなかった ($Q(5) = 8.50$, $n.s.$)。どの場面においても,罪悪感が喚起される子どもとされない子どもがそれぞれ半数程度存在することがわかった。

言語反応と罪悪感の関連

誠実な謝罪と道具的謝罪の出現頻度を検討するため,すべての仮想場面を込みにし,加害者の言語反応と罪悪感との関連をTable 2-5に示した。「謝罪」反応を示した中で,罪悪感があると回答した割合が78.2%（43/55）,罪悪感がないと回答した割合が21.8%（12/55）であり,罪悪感を伴う誠実な謝罪の出現頻度が高いことが示された。また,それぞれの子どもが6場面中で「謝罪」反応を示した回数と,罪悪感があると答えた回数の相関を算出したところ,有意な相関が得られた ($r = .65$, $p < .01$)。つまり,「謝罪」反応が多いほど,罪悪感があると答える回数が多い傾向が示された。

Table 2-4. 「罪悪感質問」に対する場面ごとの各回答者数（%）

加害行為の意図性		被害内容	罪悪感あり	罪悪感なし
	偶発	物理的	17 (70.8)	7 (29.2)
		心理的	9 (37.5)	15 (62.5)
	故意	物理的	12 (50.0)	12 (50.0)
		心理的	10 (41.7)	14 (58.3)
	曖昧	物理的	11 (45.8)	13 (54.2)
		心理的	12 (50.0)	12 (50.0)

Table 2-5. 言語反応と罪悪感の関連

言語反応		罪悪感あり	罪悪感なし
謝罪	(n=55)	43 (78.2)	12 (21.8)
その他	(n=89)	28 (31.5)	61 (68.5)

（　）内は反応数の割合（％）

考　察

　Table 2-3 より，場面によって謝罪する割合が異なっていることが示されたものの，統計的には，故意-心理的場面以外の場面間では差は有意ではなかった。また，Table 2-4 より，場面によって罪悪感を持つ割合の差は有意ではなく，罪悪感が喚起される子どもとされない子どもがそれぞれ半数程度存在していることが示された。これらの結果から，今回用いた仮想場面において，謝罪するかどうかや罪悪感を持つかどうかは，個人差が大きかった可能性が考えられる。

　そこで，すべての場面を込みにし，言語反応と罪悪感との関連を検討した結果，すべての謝罪反応（n=55）のうち，約80％が罪悪感を伴っており（Table 2-5），謝罪反応を示す子どもほど，罪悪感があると回答する傾向があることがわかった。この結果は，日常場面におけるエピソードとして，誠実な謝罪が多く報告された調査1の結果を支持するものであるといえる。このことから，6歳で誠実な謝罪が獲得された後，少なくとも小学校低学年の時期には，大人のように道具的に謝罪することよりも誠実に謝罪することが多いのではないかということが示唆される。ただし，今回用いた仮想場面では，たまたま誠実な謝罪が多かった可能性も否定はできない。この点については，今後の検討課題である。

　一方で，罪悪感があるとしながら，「その他」に分類された反応が少なくなかったことにも注意が必要である。このような反応には2種類あり，ひとつはブランコの順番をかわってあげずに被害者に責められ，「じゃあかわってあげる」と交代を申し出るといった，被害に対する補償を申し出る反応である。ブランコの場面以外にも，約束していたのに他の子と遊んでしまったという場面で，「明日遊ぼう」という反応などがみられた。このような補償的な反応は，「ごめん」と

いう謝罪の言葉はなくとも,相手に配慮した提案をしている反応であるといえ,対人葛藤解決には有効な方略であると考えられる。

　もうひとつは,友達の描いた絵だと知らずに「へたくそ」と言ってしまう場面で,「だってほんとに下手だもの」という反応や,約束をやぶった場面で「忘れてた」などの反応のように,悪いことをしたと思っていながら,素直に謝れなかったと考えられる反応である。インタビューにおける子どもたちの感想などでも,「謝るのには勇気がいる」といった意見は少なくなく,「謝りたくても謝れない」といった場面は日常的にもよくあるのではないかと思われる。このような場合,せっかく罪悪感を持っているのに,被害者の子どもにそれが伝わらず,葛藤が解決されない可能性が高いと考えられる。このことから,対人葛藤場面において教師や親が介入する際,罪悪感が伝わる言動があれば謝罪の言葉にこだわる必要はなく,また謝罪の言葉がないからと言って謝りたくないわけではないという子どもの心理にも配慮する必要があるだろう。

　さらに,すべての謝罪反応（$n=55$）のうち,約20%は罪悪感を伴わない謝罪,すなわち,道具的謝罪であることも示された。例えば,故意－物理的被害場面において,「謝罪」反応は17人いるのに対し（Table 2-3),「罪悪感あり」と回答したのは12人である（Table 2-4）。つまり,この場面において,少なくとも5人は悪いことをしたと思っていなくても謝罪を行っているということである。ただし,このような道具的謝罪が,4歳児までに多くみられるような「罰の回避」を目的としたものか,成人でよくみられるとされる「印象操作」を目的としたものかなど,子どもがどのような理由で謝罪しているのかという点に関しては,本研究からは不明である。しかしながら,子どもがどのような目的から謝罪を行うのかを検討することは,謝罪の発達的変化を明らかにする上で重要な観点である。そこで,研究2では,この点を検討することとした。その際,加害者が謝罪する理由には,被害者との親密性が大きな影響を及ぼすと考えられることから,親密性の高低によって,児童が謝罪する理由に違いがあるのかどうかも合わせて検討した。

第3節　［研究2］児童が謝罪する理由の発達的変化

目　　的

　研究2では，1，3，5年生を対象に，加害者が謝罪する理由の発達的変化を横断的に検討することを目的とした。また，被害者との親密性が加害者の謝罪する理由に及ぼす影響についても検討した。

方　　法

対象児

　京都市内の公立小学校1校の1，3，5年生，計188名を対象に調査を行った。内訳は，1年生66名（女子35名，男子30名，不明1名，平均年齢7歳0ヶ月），3年生59名（女子35名，男子24名，平均年齢9歳2ヶ月），5年生63名（女子30名，男子32名，不明1名，平均年齢11歳2ヶ月）であった。

材　料

　B5判の冊子形式の質問紙を用いた。小学校で学習する漢字を考慮し，内容は同一であるが文字の表記形式のみ異なるものを学年ごとに用意した。ただし，漢字にはすべてひらがなでふりがなをつけ，文章は読みやすいようにすべて分かち書き（文節と文節の間に空白を置く書き方）で統一した。

質問紙の内容

　まず，仮想場面に登場する加害者と被害者の親密性について，中川・山崎（2004），芝崎（2008）を参考に，以下の教示を提示した。

　高親密条件：「AくんとBくんは同じ学校の○年生（対象児の学年）です。二人はいつも一緒に遊んでいるとても仲良しのお友達です。」
　低親密条件：「AくんとBくんは同じ学校の○年生（対象児の学年）です。でも二人は一度も一緒に遊んだことがないあまりよく知らないお友達です。」

　次に，以下の仮想場面を提示した。

「Aくんが廊下を歩いていると，突然，人が飛び出してきました。Aくんはあわててよけたので，近くにいたBくんとぶつかってしまいました。Bくんはこけそうになりましたが，こけなくてけがもありませんでした。」

仮想場面の提示後，以下の2つの質問に回答してもらった。

謝罪質問：「もしあなたがAくんだったら，Bくんに謝りますか？」
罪悪感質問：「もしあなたがAくんだったら，どれくらい『悪いことをしたなあ』と思いますか？」

謝罪質問には，「謝る」か「謝らない」の2択，罪悪感質問には，「とても悪いことをしたなあと思う」～「ぜんぜん悪いことをしたなあと思わない」の4件法で回答してもらった。

さらに，「AくんはBくんに『ごめんね』と言いました。」という一文を提示した後，加害者が謝罪する動機づけに関する質問を行う前に，親密性の条件について，子どもが理解しているかどうかを確認するため，以下の確認質問を行った。

確認質問：「AくんとBくんは仲良しですか？　それともよく知らないお友達ですか？」（回答は，「仲良しのお友達」か「よく知らないお友達」の2択）

最後に，加害者が謝罪した動機に関する以下の2つの質問について，それぞれ4件法で回答してもらった。

罰回避質問：「Aくんが謝ったとき，近くで先生が見ていて，怒られたらいやだなあという気持ちだったと思いますか？」
印象悪化回避質問：「Aくんが謝ったとき，Bくんに嫌われたらいやだなあという気持ちだったと思いますか？」

手続き

親密性（高，低）の2条件を被験者間要因とし，各学年計2クラスにそれぞれの条件を振り分けた。調査は，クラス毎に集団で実施し，調査者による読み上げのもと，全員が同時に進む形式で行った。

結　果

分析方法

記入漏れのあった場合や親密性に関する確認質問において誤答した場合，以下の分析から除外した。最終的に分析対象となったのは，1年生54名（女子29名，男子25名，平均年齢7歳0ヶ月），3年生51名（女子30名，男子21名，平均年齢9歳2ヶ月），5年生53名（女子24名，男子29名，平均年齢11歳2ヶ月）であった。

謝罪時の罪悪感

「謝罪質問」において，「謝らない」と回答したのは，高親密条件では5年生が1名のみ，低親密条件では3年生が5名，5年生が6名であった。

謝罪時の罪悪感について検討するため，「謝る」と回答した計146名を対象に，「罪悪感質問」に対する回答の分析を行った。「とても〜」を3点，「すこし〜」を2点，「あまり〜」を1点，「ぜんぜん〜」を0点として得点化し，罪悪感得点とした。学年，条件ごとの平均得点を Figure 2-1 に示した。

学年および親密性によって，罪悪感得点に違いがみられるかを検討するため，学年（3）×親密性（2）の2要因分散分析を行った。その結果，学年の主効果のみ有意で（$F(2, 140) = 5.69, p < .01$），どの学年においても親密性による罪悪

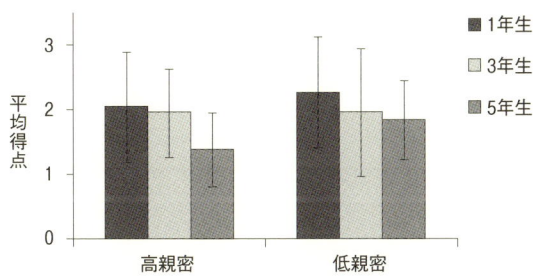

Figure 2-1. 罪悪感得点の平均値と標準誤差

感得点の違いはみられなかった。また，学年差について，Ryan 法による多重比較を行ったところ，1 年生と 5 年生との間で差が有意であった（$t(140) = 3.40$, $p < .001$）。すなわち，罪悪感得点は，親密性の高低に関わらず，1 年生の方が 5 年生より高いことが示された。

罰回避

分析対象となった児童全員を対象に，罰回避質問に対する回答について，「とても〜」を 3 点，「すこし〜」を 2 点，「あまり〜」を 1 点，「ぜんぜん〜」を 0 点として得点化し，罰回避得点とした。学年，条件ごとの平均得点を Figure 2-2 に示した。

学年および親密性によって，罰回避得点に違いがみられるかを検討するため，学年（3）×親密性（2）の 2 要因分散分析を行った。その結果，学年の主効果が有意であった（$F(2, 152) = 21.28$, $p < .01$）。Ryan 法による多重比較を行ったところ，すべての学年間で差が有意であった（1 年生 − 5 年生 $t(152) = 6.53$, $p < .001$；1 年生 − 3 年生 $t(152) = 4.02$, $p < .001$；3 年生 − 5 年生 $t(152) = 2.44$, $p < .05$）。また，親密性の主効果も有意で（$F(1, 152) = 11.32$, $p < .01$），高親密条件の方が低親密条件よりも罰回避得点が高かった。交互作用は有意ではなかった（$F(2, 152) = 2.50$, $n.s.$）。すなわち，罰回避得点は親密性によって異なるものの，学年が高いほど得点が低くなるという結果は，親密性の高低に関わらず一貫してみられた。

印象悪化回避

分析対象となった児童全員を対象に，印象悪化回避質問に対する回答につい

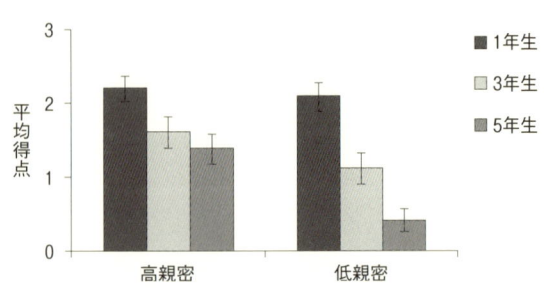

Figure 2-2. 罰回避得点の平均値と標準誤差

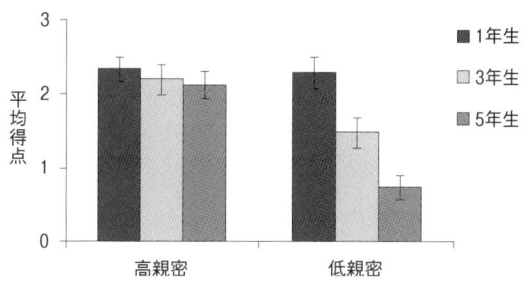

Figure 2-3. 印象悪化回避得点の平均値と標準誤差

て,「とても〜」を3点,「すこし〜」を2点,「あまり〜」を1点,「ぜんぜん〜」を0点として得点化し,印象悪化抑制得点とした。学年,条件ごとの平均得点をFigure 2-3に示した。

学年および親密性によって,印象悪化回避得点に違いがみられるかを検討するため,学年(3)×親密性(2)の2要因分散分析を行った。その結果,学年の主効果が有意であった($F(2, 152) = 10.86, p < .001$)。Ryan法による多重比較を行ったところ,1年生と5年生,1年生と3年生との間で差が有意であった(1年生-5年生 $t(152) = 4.70, p < .001$;1年生-3年生 $t(152) = 2.51, p < .05$)。ただし,学年×親密性の交互作用が有意で($F(2, 152) = 6.16, p < .01$),低親密条件においてのみ学年差が有意であり,学年が高いほど得点が低くなるが,高親密条件においては学年による差が有意ではなかった。また,3年生と5年生において親密性の単純主効果が有意で,高親密性条件の方が低親密条件よりも得点が高かった。

考　察

罪悪感に及ぼす学年および親密性の影響

謝罪時の罪悪感については親密性による差が有意ではなく,学年差のみが有意であった。学年差については,1年生と5年生の間に差があり,学年が上がると徐々に罪悪感が低くなるという結果であった。この結果は,児童期において,それほど悪いことをしたと思っていなくても謝ることができるようになるという発達的変化を示唆している。芝崎・山崎(2009)では,自己に非がない

場面において，6年生よりも2年生で罪悪感が高いことが報告されており，今回の結果と同様の結果であるといえる。すなわち，本研究で用いた仮想場面も加害者の責任が低く，自己に非がなかったことが学年差に影響しているのではないかと考えられる。

なぜ自己に非がない場面で，学年が上がると罪悪感が下がるのかという点に関する解釈のひとつの可能性として，仮想場面の理解が学年によって異なっているということが考えられる。例えば，今回用いた仮想場面において，加害者は，突然人が飛び出してきたのをあわててよけようとして，被害者とぶつかってしまったという設定になっており，加害行為は偶発的で，加害者の責任は低いといえるが，このような責任の認知の仕方が学年によって異なっていたのかもしれない。つまり，1年生は「ぶつかった」という事実を重視し，加害者の責任は高いと判断した結果，罪悪感を高く評定したのに対し，5年生は「偶発的」であるという点に着目することで，加害者の責任は低いと判断し，その結果，罪悪感を低く評定したという可能性が考えられる。ただし，以上の考察はあくまで推測の域を超えないため，責任性の判断や罪悪感そのものに影響を及ぼす要因などを検討していくことが今後の課題としてあげられる。

罰回避に及ぼす学年および親密性の影響

罰回避得点については，全体として，親密性が高いと罰回避得点が高かったが，親密性の高低に関わらず，学年が高いほど得点が低いという結果であった。幼児期には保育者からの罰の回避を理由として謝る場合が多いことが指摘されているが（中川・山崎，2004），児童期においては次第に罰回避を理由に謝罪することは少なくなるのではないかという予測と一致する結果であったといえる。この結果は，道徳的な判断に関して，他律的な道徳から自律的な道徳へと発達する（Piaget, 1932）ことと密接に関わっていると推察される。

また，親密性が高いと罰回避得点が高いという結果について，6歳児は親密性が高い相手に誠実な謝罪を用い，親密性が低い相手には道具的謝罪を用いるという中川・山崎（2004）の結果から考えると，矛盾する結果であると考えられる。ただし，中川・山崎（2004）では，保育者の罰を回避するために謝ったか，悪いことをしたと思って謝ったかの2択によって幼児の反応を検討しているのに対し，本研究ではそれぞれについて4件法で評定してもらっている。親

密性が高い相手に罪悪感の伴う謝罪をするといっても，同時に保育者からの罰も恐れている場合もあると思われることから，本研究の結果と中川・山崎（2004）の結果が全く矛盾するとも言い切れない。

　しかしながら，なぜ親密性の高い相手の方が罰を回避したい気持ちが高くなるのかということについては不明である。芝崎・山崎（2008）は，自己に非が認められない状況では，謝罪する明確な理由がなくとも事態収束をはかることを目的として謝罪が道具的に用いられる可能性を示しており，本研究の結果も同様に解釈可能かもしれない。すなわち，親密性の低い相手に対しては，その場の葛藤を終結させることが重視される結果，罰を回避することまで考える必要がなく，得点が低くなっているという可能性が考えられる。また，親密性の高い相手だからこそ，先生に怒られるところを見られたくないという思いから得点が高くなっている可能性も考えられる。これらの可能性についても今後の検討課題である。

印象悪化回避に及ぼす学年および親密性の影響

　印象悪化回避得点については，学年×親密性の交互作用が有意で，親密性によって発達的変化が異なった。すなわち，親密性が低い場合，学年が高いほど印象悪化回避得点が低かったが，親密性が高い場合には，どの学年においても得点が高かった。この結果は，児童期は友達集団への受け入れについての関心が増加する時期であり（Parker & Gottman, 1989），相手に嫌われないように謝ることが多くなるのではないかという予測とは一致しない結果であった。しかし，罪悪感や罰回避においては，親密性の高低に関わらず，学年が高いほど得点が低かったのに対し，印象悪化回避については，親密性が高い相手に対して学年に関わらず一貫して得点が高かったということから，児童期において，親密な他者との関係性を維持する重要性が高いことが示唆されたといえる。

　また，3，5年生は親密性が低い相手には得点が低くなるのに対し，1年生は親密性の高低によって得点に違いがみられなかった。この点に関して，芝崎（2008）は，年齢に伴う親密性の持つ意味の変化を考慮する必要性を指摘している。例えば，現時点で1度も遊んだことがなく，あまりよく知らないお友達だとしても，1年生にとっては，その後の学校生活を通して仲良くなる可能性は高く，印象悪化を回避する必要性も高いと考えられる。しかし，3年生，5

年生と学年が上がるにつれ，友達関係は限定されていくため，1度も遊んだことがない相手とはその後も仲良くなる可能性が低く，印象悪化を回避する必要性も低いと考えられる。このように，親密性というのは，1年生にとっては変化しうるものであるのに対し，3，5年生にとっては固定的なものであるという違いによって，印象悪化回避の学年差が生じたのかもしれない。

本研究のまとめ

本研究では，児童が謝罪する理由の発達的変化，および，被害者との親密性によって謝罪する理由がどのように異なるのかについて検討した。その結果，親密性の高低に関わらず，先生に怒られるという罰の回避は，学年が高いほど得点が低くなることが明らかになった。また，親密性が高い相手の場合，どの学年においても，相手に嫌われたくないという印象悪化回避の得点が高く，児童期の子どもにとって，謝罪は，親密な他者との関係性を維持するものとして認識されている可能性が示唆された。

第4節　第2章のまとめ

本章では，加害者の立場に焦点をあて，児童期における謝罪の特徴を探り，どのように発達的に変化するのかを横断的に検討した。

研究1では，誠実な謝罪を獲得してすぐの時期である小学1，2年生を対象に，日常場面における謝罪のエピソードを収集し（調査1），仮想場面における謝罪反応の検討を行った（調査2）。その結果，少なくとも7～8歳の時期には，罪悪感を伴う誠実な謝罪の出現頻度が高いことが示唆された。ただし，罪悪感を伴わない謝罪も少なからず存在したが，そのような道具的謝罪がどのような目的から行われているのかは不明であった。

そこで，研究2では，小学1，3，5年生を対象に，児童が謝罪する理由の発達差，および，被害者との親密性が加害者の謝罪する理由に及ぼす影響について検討した。その結果，罪悪感は，1年生と5年生の間に差があり，学年が上がると徐々に罪悪感が低くなるという結果であったことから，児童期において，それほど悪いことをしたと思っていなくても謝ることができるようになることが示唆された。また，親密性の高低に関わらず，先生に怒られるという罰の回

避は，学年が高いほど動機づけが低くなることが明らかになった。また，親密性が高い相手の場合，どの学年においても，相手に嫌われたくないという印象悪化回避の動機づけが高く，児童期の子どもにとって，謝罪は，親密な他者との関係性を維持するものとして認識されている可能性が示唆された。

　以上をまとめると，児童期の初めは，幼児期に獲得された誠実な謝罪が多く行われている一方で，先生からの罰を回避することが謝罪の重要な目的であること，しかし，学年が上がると，それほど悪いことをしたと思っていなくても謝ることができるようになること，そうした道具的謝罪の目的として，先生から怒られることを回避することよりも，親密な相手から嫌われることを回避することの方が重要になることが明らかになった。

3 被害者の謝罪認知の発達的変化

第1節 本章の目的

　本章では，被害者の立場に焦点をあて，児童が加害者の謝罪を誠実なものとそうでないものに区別して認知するのかという観点から，謝罪認知の発達的変化を検討することを目的とする。

　第1章で述べたように，成人を対象とした先行研究から，被害者は言語的な内容だけでなく，被害の程度や加害者の責任などの状況や非言語的な情動表出行動などの手がかりから，謝罪した加害者が罪悪感を持っているのかどうかを判断し，その謝罪の誠実さを識別していることが明らかになっている（土井・高木，1993；Fukuno & Ohbuchi, 1998；Hareli & Eisikovits, 2006；早川・荻野，2008；Ohbuchi et al., 1989；Struthers et al., 2008）。発達的にみると，9歳頃までに，加害者の謝罪の言葉が丁寧であるほど，より反省していると認識するようになることが明らかになっている（Darby & Schlenker, 1982）。しかし，同じ「ごめん」という言語表出について，非言語的な手がかりから，誠実なものかどうかを識別するようになるのはいつ頃か，ということに関してはほとんど検討されていない。

　謝罪した加害者が反省しているかどうかを判断することは，加害者の感情を推測することであると考えることもできる。他者の感情を推測する際，人はさまざまな手がかりを用いているが，Mehrabin（1986）によると，コミュニケーションにおける感情情報伝達は，言語的なものによるものはわずか7％で，ほとんどが表情や身振りなどの非言語的なもので，なかでも55％が表情によるという。つまり，他者の感情を推測する際，表情は特に重要な手がかりのひとつであると考えられる。そこで，本研究では，加害者の謝罪が誠実なものである

かどうかを識別する際の非言語的な手がかりとして，加害者の表情に着目し，児童の謝罪認知の発達的変化を検討することとした。

　子どもが他者の感情を推測する際に，表情や状況といった手がかりをどのように利用しているのか，その発達的変化について検討した先行研究によると，4歳頃は表情の手がかりのみに依存して他者の感情を推測する傾向があり，5歳頃になると状況の手がかりを使用するようになる。そして，その後，表情と状況の手がかりを統合して推測するようになると言われているが，表情と状況手がかりの統合がほとんどの子どもでできるようになる時期については，7〜12歳の間でさまざまな研究結果が出ている（Gnepp, 1983；久保，1982；笹屋，1997）。しかし，児童期の間であることは一致していることから，加害者の言葉と表情を統合的に理解するようになるのも児童期であると予想される。このような観点から，児童の謝罪認知の発達的変化を検討することは，子どもが他者の感情を推測する際，言葉と表情という手がかりをどのように利用しているのかを明らかにすることにつながり，他者感情理解の発達に関して，新たな知見を提供することができると思われる。

　子どもが謝罪を識別するのかという点に関する先行研究によると，9歳頃までに言葉の内容から謝罪の誠実さを判断するようになることが示唆されている（Darby & Schlenker, 1982；Ohbuchi & Sato, 1994）。例えば，Darby & Schlenker（1982）は，6，9，12歳児を対象に，何と言って謝るかといった言葉の丁寧さの違いで謝罪を操作し，謝罪なし，道具的謝罪（"Excuse me"），標準的謝罪（"I'm sorry, I feel badly about this."），補償的謝罪（"I'm sorry, I feel badly about this. Please let me help you."）の計4条件を子どもに提示し，許容や制裁に対する態度，加害者に対する評価などをそれぞれ10段階で評定させた。その結果，9，12歳児は，謝罪が丁寧になるほど主人公はより申し訳なく思っていると判断するのに対し，6歳児は，謝罪の条件に関わらず主人公は同程度申し訳なく思っていると判断していた。

　さらに，Darby & Sclenker（1989）は，直接的な言葉の手がかりだけでなく，非言語的な手がかりとして，表情に着目した数少ない研究のひとつである。10歳児を対象に，子どもの社会的判断に及ぼす反省の表出の影響を検討した。違反を犯した主人公が，その違反行為について謝罪してしばらくした後，その出

来事を他の友達に話をするという仮想の物語を提示し，友達に話をする時の主人公が「とても悲しそうにみえる」条件（後悔あり条件）と「とても嬉しそうにみえる」条件（後悔なし条件）の2条件を設けて，加害者に対するさまざまな評価についてそれぞれ10段階で評定させた。その結果，反省の評価に関して，7歳児では条件によって評定値に差はなかったが，10歳児では，後悔なし条件よりも後悔あり条件の方が，より申し訳なく思っていると判断していた。この結果からは，7歳児は直接的な謝罪の言葉を手がかりとして重視し，10歳頃までに，直接的な言葉の手がかりだけでなく，表情のような非言語的な手がかりも考慮し，謝罪に反応するようになることが示唆された。

しかし，Darby & Schlenker (1989) では，謝罪した後の加害者の態度を表す指標として，「悲しそう」か「嬉しそう」かといった表情に関する記述を用いていただけに留まり，謝罪する際の加害者の表情について直接検討しているとは言い難い。また，表情の情報を文章のみによって提示しているため，表情の効果ではなく，あくまで「嬉しそう」，「悲しそう」といった言葉の持つ印象が謝罪の認知に影響を及ぼしている可能性がある。

そこで，本章では，謝罪する際の加害者の表情を，文章ではなく表情図で提示することによって，Darby & Schlenker (1982, 1989) の研究から得られた結果が頑健なものであるかどうか検討し，児童期における謝罪認知の発達的変化に関する知見を精緻化することを目的とした。表情図は実際の人物の表情とは異なるが，これまで子どもの感情理解研究において表情図を用いた研究が多く，表情図を用いることの妥当性はある程度保証されていることや，子どもにとってなじみやすいと考えられることから，本研究では表情図を用いることとした。

本研究では，加害者が反省しているかどうかという観点で謝罪を識別できるのはいつ頃からかを検討するため，「罪悪感の認知」をひとつの指標とする (Darby & Schlenker, 1982, 1989；中川・山崎, 2004, 2005)。また，第1章で述べたように，加害者の謝罪は被害者の抱く攻撃的感情を緩和する効果を持つことが示されていることから，被害者の「怒り」が緩和するかどうかをもうひとつの指標として扱う (Ohbuchi et al., 1989)。

Darby & Schlenker (1982) は，加害者の言葉の影響は6歳ではみられず，9歳以降でみられると報告している。したがって，早くても1年生（7歳）で，遅

くとも3年生（9歳）までに加害者の言葉の影響がみられると推測される。また，Darby & Schlenker（1989）は，加害者の表情の影響は2年生ではみられず，5年生においてみられると報告している。したがって，表情図を用いた場合にも，早くても3年生で，遅くとも5年生までに加害者の表情の影響がみられると推測される。以上の予測から，本研究では以下の仮説を検討する。

仮説①：言葉の影響は1年生以降でみられるが，表情の影響は1年生ではみられない。したがって，1年生では，謝罪の言葉があると怒りが緩和され，加害者の罪悪感が認知されるであろう。

仮説②：表情の影響は3年生以降にみられる。したがって，3年生以降では，適切な表情があると怒りが緩和され，加害者の罪悪感が認知されるであろう。

さらに，本研究では，謝罪認知の指標として扱った，罪悪感の認知と怒りの変化がどのような関連を持っているのかについても検討する。大人を対象とした研究では，謝罪が被害者の攻撃的感情を緩和する効果を持つのは，被害者が加害者の後悔を感じた時であるという謝罪場面での反応過程が示唆されている（cf. McCullough et al., 1998）。このような謝罪認知の過程について，児童を対象とした研究はあまりみられない。しかし，謝罪認知が発達的に変化する児童期において，罪悪感の認知と怒りの変化との関連を検討することは，児童にとって謝罪がどのような意味を持つものかを明らかにすることにつながると考えられる。そこで，児童期にも同様の認知過程がみられるかどうかを検討する。具体的には，以下の仮説を検証する。

仮説③：罪悪感を認知している方が，怒りが緩和される。

第2節　［研究3］加害者の言葉と表情の影響①

目　的

研究3では，加害者の謝罪の言葉と表情が児童の謝罪認知（怒りの変化およ

び罪悪感の認知）に及ぼす影響について，その発達的変化を横断的に検討することを目的とした。表情図を用いることにより，先行研究（Darby & Schlenker, 1989）の研究から得られた示唆をより精緻化することができると考えられる。

◆ 予備調査

謝罪する際の加害者の表情を文章ではなく表情図で提示する上で，用いる表情図の妥当性を検討することが必要であると考えられる。そこで，まず大学生を対象に予備調査を行い，そもそも大人が加害者の謝罪を言葉と表情からどのように認知するのかについても合わせて確認することとした。

Darby & Schlenker（1989）で用いられた「悲しそうにみえる」と「嬉しそうにみえる」という記述を参考に，それぞれに対応する表情図2種類を作成した。以後，便宜的に，悲しそうにみえる表情図を「罪悪感あり顔」，嬉しそうにみえる表情図を「罪悪感なし顔」と表記する。作成した表情図をFigure 3-1に示す。

方　法

対　象

国立大学の大学生・大学院生102名（女性44名，男性58名，平均年齢20歳1ヶ月）であった。

調査内容

調査用紙はA5判の冊子形式であった。調査用紙には，状況設定がない状態で，表情図そのものが持つ印象を検討するための「表情図の評定課題」と，状況設定がある状態で表情図が与える影響を検討するための「仮想場面の評定課題」の2つがあった。「表情図の評定課題」に回答した後，「仮想場面の評定課

Figure 3-1. 作成した表情図

題」に回答するという順番は固定した。以下にそれぞれの課題内容を詳しく説明する。

1．表情図の評定課題：状況設定なしで表情図を提示し，「悪いと思っていると思うかどうか（罪悪感の認知）」について，「そう思う」〜「そう思わない」までの4件法で評定を求めた。謝罪の言葉との組み合わせの影響も検討するため，表情図（罪悪感あり，罪悪感なし）×謝罪の言葉（あり，なし）の計4条件を設定し，被験者内要因として検討した。4条件の提示順は被験者間でカウンターバランスした。

謝罪の言葉は，表情図とともに吹き出しを提示し，謝罪の言葉あり条件では「ごめんね」，謝罪の言葉なし条件では「・・・・」と記述した。

2．仮想場面の評定課題：怒りを喚起する仮想場面として，以下の文章を提示した。

「あなたは，一番仲のよい友達に，あなたのお気に入りのものを貸しました。しかし，返してもらうと汚れているところがあり，その汚れは拭いてもとれませんでした。」

そして，友達の謝罪について，表情図（罪悪感あり，罪悪感なし）×謝罪の言葉（あり，なし）の計4条件を設定し，被験者内要因とした。4条件の提示順は被験者間でカウンターバランスした。

謝罪の言葉は，表情図の評定課題と同様に表情図と吹き出しでの提示に加え，その横に「友達は『ごめんね』と言いました」（言葉あり条件），または「友達は何も言いませんでした」（言葉なし条件）という説明文もつけた。

謝罪条件の提示によって怒りが変化するかを確かめるため，仮想場面提示後と謝罪条件提示後の2回に渡って，怒りの評定を求めた。評定は，「とても腹が立つ」〜「腹が立たない」までの4件法であった。

手続き

授業終了後などに調査用紙を無作為に配布し，各自のペースで実施してもらった。調査用紙はその場で回収するか，1週間程度の期限を設け，設置した回収箱にて回収した。

結　果

分析対象

調査協力者102名のうち，記入漏れのあった者15名（女性6名，男性9名）を以下の分析から除外した。

表情図の評定

表情図（罪悪感あり，罪悪感なし）×謝罪の言葉（あり，なし）の条件それぞれにつき，罪悪感の認知（悪いと思っていると思うか）の評定値の平均を求め，Table 3-1 に示した。範囲は0（そう思わない）～3（そう思う）であった。

この評定値について，表情図（罪悪感あり，罪悪感なし）×謝罪の言葉（あり，なし）の2要因分散分析を行った結果，表情と言葉の主効果がそれぞれ有意であった（表情 $F(1, 344) = 764.70$, $p < .001$；言葉 $F(1, 344) = 21.86$, $p < .001$）。表情については，「罪悪感あり」顔の方が「罪悪感なし」顔よりも悪いと思っているという評定値が高く，言葉については，謝罪の言葉がある方が謝罪の言葉がないよりも評定値が高かった（$p < .05$）。交互作用は有意ではなかった（$F(1, 344) = 1.41$, $n.s.$）。

謝罪条件提示による怒りの変化

謝罪条件の提示によって怒りが変化するかを検討するため，表情図（罪悪感あり，罪悪感なし）×謝罪の言葉（あり，なし）の条件それぞれにつき，謝罪条件の提示前後の怒りの評定値の平均を求め，Table 3-2 に示した。範囲は0（腹が立たない）～3（とても腹が立つ）であった。

この評定値について，謝罪条件提示前後で怒りに変化があるかどうかを検討するため，条件ごとに t 検定を行った。その結果，すべての条件において，謝罪条件の前後で怒りの評定値の差が有意であった（罪悪感あり顔 - 言葉あり：$t(86) = 15.90$, $p < .001$；罪悪感あり顔 - 言葉なし：$t(86) = 6.10$, $p < .001$；罪悪

Table 3-1. 表情図に対する罪悪感の認知の評定値の平均と SD

		表情	
		罪悪感あり	罪悪感なし
謝罪の言葉	あり	2.57 (0.68)	0.48 (0.66)
	なし	2.15 (0.84)	0.23 (0.48)

（　）内は SD

Table 3-2. 謝罪条件提示前後の怒りの評定値の平均値と SD

表情	謝罪の言葉	謝罪条件	
		提示前	提示後
罪悪感あり	あり	1.97 (0.80)	0.71 (0.70)
	なし	1.97 (0.80)	1.36 (0.95)
罪悪感なし	あり	1.94 (0.81)	2.28 (0.73)
	なし	1.92 (0.81)	2.46 (0.70)

( ) 内は SD

感なし顔 – 言葉あり;$t(86) = -4.28$, $p < .001$;罪悪感なし顔 – 言葉なし;$t(86) = -6.50$, $p < .001$)。

さらに,謝罪によって,どのように怒りが変化するのかを検討するため,条件ごとに,謝罪条件提示後の怒りの評定値から仮想場面に対する怒りの評定値を引いたものを「怒りの変化」得点とし,その平均値を求め,Table 3-3 に示した。

「罪悪感あり顔 – 言葉あり」条件,「罪悪感あり顔 – 言葉なし」条件でマイナスの値となり,謝罪の言葉の有無に関わらず,罪悪感ありの表情図を提示することで,被験者の怒りが減少することがわかった。また,「罪悪感なし顔 – 言葉あり」条件,「罪悪感なし顔 – 言葉なし」条件においてプラスの値となり,謝罪の言葉の有無に関わらず,「罪悪感なし」の表情図を提示することで,被験者の怒りが増加することがわかった。

この値について,表情(罪悪感あり,罪悪感なし)×謝罪の言葉(あり,なし)の2要因分散分析を行った結果,表情と言葉の主効果と交互作用がすべて有意であった(表情 $F(1, 86) = 192.88$, $p < .001$;言葉 $F(1, 86) = 27.26$, $p < .001$;表情×言葉 $F(1, 86) = 11.35$, $p < .01$)。下位検定の結果,言葉あり,言葉なしの両条件において,罪悪感あり顔の方が罪悪感なし顔よりも怒りが緩和されたことがわかった(言葉あり,言葉なしともに $p < .01$)。また,交互作用

Table 3-3. 謝罪条件提示後の怒りの変化の平均値と SD

		表情	
		罪悪感あり	罪悪感なし
謝罪の言葉	あり	−1.21 (0.81)	0.33 (0.73)
	なし	−0.61 (0.93)	0.54 (0.77)

( ) 内は SD

が有意であったことから，言葉の有無によって，表情の効果が異なるかどうかを検討した。謝罪の言葉の条件ごとに，罪悪感あり顔と罪悪感なし顔における怒りの変化得点の差を求め，その平均値を比較したところ，条件間の表情の効果の差が有意で（$t(86) = -3.49$, $p < .001$），言葉なし条件よりも言葉あり条件において表情の効果が大きいことがわかった（言葉あり：-1.59，言葉なし：-1.15）。

考　察

表情図の妥当性

まず，表情図の評定値の結果（Table 3-1）より，悲しそうにみえる顔は加害者が悪いと思っていると認識され，嬉しそうにみえる顔は加害者が悪いと思っているとは認識されないことがわかった。よって，作成した表情図は，罪悪感の有無によって区別されうることが確認され，以後，児童を対象とした調査でも使用することが妥当であると判断した。

表情と言葉の影響

怒りの評定値の結果（Table 3-2, 3-3）から，罪悪感あり顔が提示されたとき，謝罪の言葉の有無に関わらず，被験者の怒りが減少することがわかった。それに対し，罪悪感なし顔が提示されると，たとえ謝罪の言葉があったとしても，怒りが増加することが示された。この結果は，謝罪の言葉の有無よりも，表情図によって反応傾向が大きく変わった結果であるといえる。

特に，罪悪感なし顔においては，謝罪の言葉があっても怒りが増加したことから，被害者の抱く攻撃的感情を緩和する（Ohbuchi et al., 1989）という謝罪の効果は，適切な表情が伴わなければならないということが示唆された。

◆　本　調　査

予備調査の結果を踏まえ，小学校1，3，5年生を対象に，児童の謝罪認知（怒りの変化および罪悪感の認知）に及ぼす加害者の言葉と表情の影響について，その発達的変化を横断的に検討することを目的とした。具体的には，言葉の影響は1年生以降，表情の影響は3年生以降にみられるという仮説を検討し

た。また，罪悪感の認知と怒りの変化の関連についても検討した。

方　法

対象児

京都府の公立小学校1校の1，3，5年生，計346名であった。内訳は，1年生109名（女子57名，男子52名，平均年齢7歳0ヶ月），3年生113名（女子55名，男子58名，平均年齢9歳8ヶ月），5年生124名（女子61名，男子63名，平均年齢11歳0ヶ月）であった。

調査用紙の形式

A5判の冊子形式であった。小学校で学習する漢字を考慮し，内容は同一であるが文字の表記形式のみ異なる2種類（1年生用と3，5年生用）を用意した。1年生用はひらがなのみを用い，3，5年生用はひらがなとカタカナに加え，小学校学習指導要領の学年別漢字配当表から2年生までの配当漢字も用いた。ただし，漢字にはすべてひらがなでふりがなをつけ，文章は1年生に読みやすいよう分かち書きで統一した。

調査用紙の内容

以下に主な内容について説明する。

1．**仮想場面の提示**：まず，怒りを喚起する仮想場面を提示した。仮想場面は，予備調査において怒りを喚起する場面として妥当であることを確認したことから，「あなたは腹が立ちました」という記述を加えて提示した。

2．**謝罪条件の提示**：仮想場面の提示後，謝罪条件を提示した。提示には，予備調査と同様，表情図とふきだしと説明文を用いた。表情（罪悪感あり，罪悪感なし）×謝罪の言葉（あり，なし）の計4条件を被験者内要因とした。条件の提示順はクラスごとに変化させた[1]。

3．**怒りの変化質問**[2]：謝罪条件の提示後，「このときあなたはどんな気持ち

---

[1] 調査に参加したクラスは，1年生3クラス，3年生3クラス，5年生3クラスであった。そこで，各学年において，謝罪条件の提示順の異なる3パターンの調査用紙を用意した。調査後にネガティブな感情が喚起されたままにならないように配慮し，予備調査で最も怒りが減少した「罪悪感あり顔 - 言葉あり」条件を最後に提示することで統一し，残りの3条件について，ラテン方格法により提示順を割り当てた。

になりますか」という質問を提示し,「よけい腹が立つ」(増加),「変わらない」(維持),「腹が立つのがおさまる」(減少)の3つの選択肢から1つ選択するように求めた。

4．罪悪感の認知質問：1から3までを4条件繰り返した後,再び表情図とふきだしを合わせて提示し,「あなたはこの絵をみたとき,この子は悪いと思っていると思いましたか」という質問を,表情（罪悪感あり,罪悪感なし）×謝罪の言葉（あり,なし）の4条件分提示した。回答は「はい」か「いいえ」のどちらかを選択するよう求めた。条件の提示順は,2の謝罪条件の提示順と同じであった。

5．手がかり質問：最後に,「あなたはこれまでの質問に答えるとき,何をもとにして考えましたか」という質問を提示し,「かお」,「せりふ」,「かおとせりふ」,「どちらでもない」の4つの選択肢から1つ選択するよう求めた。

手続き

授業時間内にクラス単位の集団調査を実施した。調査用紙はクラスごとに条件の提示順が異なるものを割り当てた。すべての学年で,担任教師が説明文および問題文,設問を一度だけ読み上げ,各設問は全員が書き終えるのを待ちながら,1つずつ進めた[3]。

結　果

分析対象

記入漏れのあった1年生32名（女子8名,男子24名）,3年生18名（女子7名,男子11名）,5年生6名（女子1名,男子5名）を以下の分析から除外した。

怒りの変化

学年,条件（表情×謝罪の言葉）ごとに,怒り変化質問の各回答者数を Table

---

[2] この方法を用いたのは,予備調査の結果から,怒りに及ぼす加害者の言葉と表情の影響を怒りの変化として捉えることが可能であり,また4件法よりも3つの選択肢の方が児童にとってわかりやすいと考えたからである。また,なるべく児童の負担が軽くなるように質問数を減らすことも目的であった。

[3] ただし,5年生の1クラスのみ,条件の提示順が異なるものが数冊混入していたため,一斉に進むことができず,児童が各自のペースで回答する形式で実施した。しかし,5年生の他のクラスと反応傾向は変わらなかったため,同様に分析の対象とした。

Table 3-4. 怒りの変化質問に対する学年別の各回答者数（%）

表情	謝罪		増加	維持	減少
罪悪感あり	言葉あり	1年生	7（9.1）**	11（14.3）	59（76.6）**
		3年生	1（1.1）	8（8.4）	86（90.5）
		5年生	0（0.0）*	11（9.3）	107（90.7）
	言葉なし	1年生	49（63.6）**	14（18.2）**	14（18.2）**
		3年生	12（12.6）**	45（47.4）*	38（40.0）
		5年生	22（18.6）**	52（44.1）	44（37.3）
罪悪感なし	言葉あり	1年生	26（33.8）	8（10.4）**	43（55.8）
		3年生	27（28.4）	26（27.4）	42（44.2）
		5年生	27（22.9）	29（24.6）	62（52.5）
	言葉なし	1年生	67（87.0）**	7（9.1）**	3（3.9）
		3年生	60（63.2）*	29（30.5）*	6（6.3）
		5年生	84（71.2）	29（24.6）	5（4.2）

*$p<.05$, **$p<.01$

3-4 に示した。

怒りの変化の学年差を検討するため，謝罪条件ごとに，学年（1年，3年，5年）×怒りの変化（増加，維持，減少）の χ^2 検定を行った。その結果，4条件すべてにおいて学年による怒りの変化の比率の差が有意であった（罪悪感あり顔-言葉あり $\chi^2(4)=18.34, p<.01$；罪悪感あり顔-言葉なし $\chi^2(4)=63.95, p<.001$；罪悪感なし顔-言葉あり $\chi^2(4)=9.70, p<.05$；罪悪感なし顔-言葉なし $\chi^2(4)=13.19, p<.05$）。

「罪悪感あり顔-言葉あり」条件においては，どの学年でも「減少」が最も多かったが，残差分析の結果，1年生で「増加」が多く（$p<.01$），「減少」が少ないことがわかった（$p<.01$）。

また，「罪悪感あり顔-言葉なし」条件では，1年生は「増加」が最も多かったのに対し，3, 5年生は「維持」が最も多かった。そして，残差分析の結果から，1年生で「増加」が多く，「維持」と「減少」が少ないことがわかった（$p<.05$）。また，3年生では「維持」が多かった（$p<.05$）。

「罪悪感なし顔-言葉あり」条件では，罪悪感あり顔-言葉あり条件と同様，全学年で「減少」が最も多かったが，残差分析の結果，1年生で「維持」が少ないことがわかった（$p<.05$）。

「罪悪感なし顔-言葉なし」条件では，どの学年においても「増加」が最も多かった。そして，残差分析の結果から，1年生で「増加」が多く，「維持」が少

Table 3-5. 罪悪感の認知質問に対する学年別の各回答者数（%）

表情	謝罪		悪いと思っていると思う	悪いと思っていないと思う
罪悪感あり	言葉あり	1年生	42 (54.5)**	35 (45.5)**
		3年生	63 (66.3)	32 (33.7)
		5年生	105 (89.0)**	13 (11.0)**
	言葉なし	1年生	45 (58.4)**	32 (41.6)**
		3年生	70 (73.7)	25 (26.3)
		5年生	106 (89.8)**	12 (10.2)**
罪悪感なし	言葉あり	1年生	35 (45.5)**	42 (54.5)**
		3年生	27 (28.4)	68 (71.6)
		5年生	25 (21.2)**	93 (78.8)**
	言葉なし	1年生	34 (44.2)**	43 (55.8)**
		3年生	33 (34.7)	62 (65.3)
		5年生	13 (11.0)**	105 (89.0)**

**$p<.01$

ないことがわかった（$p<.05$）。また，3年生では「増加」が少なく，「維持」が多かった（$p<.05$）。

罪悪感の認知

学年，条件（表情×謝罪の言葉）ごとに，罪悪感の認知質問の各回答者数をTable 3-5 に示した。

罪悪感の認知の学年差を検討するため，謝罪条件ごとに，学年（1年，3年，5年）×罪悪感の認知（悪いと思っていると思う，悪いと思っていると思わない）のχ^2検定を行った。その結果，4条件すべてにおいて学年による比率の差が有意であった（罪悪感あり顔－言葉あり $\chi^2(2) = 30.29$, $p<.01$；罪悪感あり顔－言葉なし $\chi^2(2) = 25.82$, $p<.01$；罪悪感なし顔－言葉あり $\chi^2(2) = 13.24$, $p<.01$；罪悪感なし顔－言葉なし $\chi^2(2) = 29.23$, $p<.01$）。

残差分析の結果，「罪悪感あり顔－言葉あり」条件と「罪悪感あり顔－言葉なし」条件では，5年生で「悪いと思っていると思う」者が多く，「悪いと思っていると思わない」者が少なかった（$p<.01$）。他方，1年生で「悪いと思っていると思わない」者が多く，「悪いと思っていると思う」者が少なかった（$p<.01$）。

それに対して，「罪悪感なし顔－言葉あり」条件と「罪悪感なし顔－言葉なし」条件では，5年生で「悪いと思っていると思わない」者が多く，「悪いと思っていると思う」者が少なかった（$p<.01$）。他方，1年生で「悪いと思っていると思う」者が多く，「悪いと思っていると思わない」者が少なかった（$p<.01$）。

Table 3-6. 学年ごとの罪悪感の認知と怒りの変化の関連（%）

学年	罪悪感の認知	怒りの変化		
		増加	維持	減少
1年生	あり	82 (52.6)	16 (10.3)	58 (37.2)
	なし	67 (44.1)	24 (15.8)	61 (40.1)
3年生	あり	37 (19.2)**	56 (29.0)	100 (37.2)**
	なし	63 (33.7)**	52 (27.8)	72 (40.1)**
5年生	あり	32 (12.9)**	64 (25.7)	153 (38.5)**
	なし	101 (45.3)**	57 (25.6)	65 (61.4)**

**$p < .01$

罪悪感の認知と怒りの変化の関連

罪悪感の認知と怒りの変化の関連を検討するため，学年，罪悪感の認知（あり，なし）ごとに，怒り変化の各回答者数を Table 3-6 に示した。

学年ごとに表情（罪悪感あり，罪悪感なし）×謝罪の言葉（あり，なし）の4条件をすべて込みにし，罪悪感の認知（あり，なし）×怒りの変化（増加，維持，減少）の χ^2 検定を行った結果，3年生と5年生では，罪悪感の認知に基づいて怒り変化の比率の差が有意となった（3年生 $\chi^2(2) = 11.37$, $p < .01$；5年生 $\chi^2(2) = 70.51$, $p < .001$）。つまり，3，5年生の両学年において同じ傾向が確認され，悪いと思っていると思う者（認知あり）で怒りが減少する者が多く，悪いと思っていると思わなかった者（認知なし）で怒りが増加する者が多かった（$p < .05$）。しかし1年生ではこのような差はみられなかった（$\chi^2(2) = 3.13$, n.s.）。

手がかり

質問に答える際の手がかりについての回答の結果を Table 3-7 に示した。手がかりの学年差を検討するため，学年（1年，3年，5年）×手がかり（かお，せりふ，両方，その他）の χ^2 検定を行ったところ，学年による手がかりの比率の差は有意ではなかった（$\chi^2(6) = 7.92$, n.s.）。どの学年においても，「かお」

Table 3-7. 手がかり質問に対する各回答者数（%）

	かお	せりふ	両方	その他
1年生	13 (16.9)	2 (2.6)	57 (74.0)	5 (6.5)
3年生	11 (11.6)	2 (2.1)	80 (84.2)	2 (2.1)
5年生	18 (15.3)	5 (4.2)	94 (79.7)	1 (8.5)

と「せりふ」の両方をもとに質問に答えたと報告する者がほとんどであった。

考　察

怒りの変化に及ぼす謝罪の言葉と表情の影響

　怒りの変化に及ぼす謝罪の言葉と表情の影響について，条件により学年差のみられるものとそうでないものがあることがわかった。

　まず，「罪悪感あり顔－言葉あり」条件と「罪悪感なし顔－言葉なし」条件では，大きな学年差はなかった。つまり，どの学年の児童も，謝罪の言葉と適切な表情の両方が伴っていれば怒りが減少し，両方ともなければ怒りが増加した。これらの結果は，予備調査における大学生の反応とも一致する結果であった。

　学年差が大きかったのが，「罪悪感あり顔－言葉なし」条件で，1年生は怒りが増加する反応が多かったが，3，5年生では怒りの維持と減少の反応が多かった。これに対し，「罪悪感なし顔－言葉あり」条件では，大きな学年差はなく，どの学年でも怒りが減少する反応が多かった。

　学年ごとにみると，1年生では，「罪悪感あり顔－言葉あり」条件と「罪悪感なし顔－言葉あり」条件では怒りが減少し，「罪悪感あり顔－言葉なし」条件と「罪悪感なし顔－言葉なし」条件では怒りが増加した（Table 3-4）。つまり，表情図に関わらず，謝罪の言葉があると怒りが緩和され，謝罪の言葉がないと怒りが増加した。特に，「罪悪感あり－言葉なし」条件では，罪悪感を持った顔が提示されているにもかかわらず，3，5年生に比べ，怒りが著しく増加していた。以上の結果から，言葉の影響は1年生以降でみられるが，1年生では表情の影響がみられないという仮説①が支持された。

　このような1年生の結果に対し，3，5年生は共に特徴的反応パターンを示した。例えば，3，5年生ともに，「罪悪感あり顔－言葉なし」条件で，1年生よりも怒りの増加する反応が少なかった（Table 3-4）。つまり，謝罪の言葉がないと怒りが緩和されない1年生と比べて，3，5年生では，罪悪感のある顔を提示するだけで怒りが緩和されている。この結果より，表情の影響は3年生からみられることが確認され，仮説②が支持された。

　しかし，3年生以降，言葉の影響がなくなるということは必ずしも意味しない。「罪悪感なし顔－言葉あり」条件をみると，怒りが減少する反応が多く，そ

の比率は1年生と変わらない (Table 3-4)。もし，言葉よりも表情の方が怒りの感情に大きく影響するのであれば，謝罪の言葉があったとしても，適切な表情が伴わないこの条件では，怒りはむしろ増加するはずである。大学生での予備調査において，この条件での怒りが増加していたことを考えると (Table 3-3)，3，5年生でも怒りの変化に及ぼす言葉の影響は依然として大きいといえ，その影響は1年生から児童期を通して続くことが示唆された。

罪悪感の認知に及ぼす謝罪の言葉と表情の影響

罪悪感の認知に及ぼす謝罪の言葉と表情の影響については，すべての条件において学年差がみられた。

まず，罪悪感あり顔の条件においては，言葉があってもなくても，「悪いと思っている」と思う人数の割合が，学年が上がるにつれて増えた。他方，罪悪感なし顔の条件では，言葉があってもなくても，「悪いと思っていない」と思う人数の割合が，学年が上がるにつれて増えた。

学年ごとにみると，1年生の反応は，どの条件においても，罪悪感を認知するかしないかがほぼチャンスレベルであった。つまり，表情図によっても，謝罪の言葉の有無によっても罪悪感の認知に変化はなかった。したがって，1年生では表情の影響はみられないという仮説①の一部は支持されたが，怒りの変化に及ぼす影響の結果とは異なり，言葉の影響も1年生でみられなかった。この結果は，1年生では加害者が反省しているかどうかという観点から謝罪を識別していないことを示唆している。

ただし，チャンスレベルであったことから，1年生はそもそも罪悪感の認知質問が理解できていなかった可能性が考えられる。今回，中川・山崎 (2004, 2005) を参考に，「悪いと思っている」という表現を罪悪感と定義したが，質問の仕方が「悪いと思っていると思いましたか」といった入れ子構造となってしまったため，特に1年生にとっては理解が難しかったのかもしれない。この点については質問を改良し，1年生はどの条件で罪悪感の認知するのか，あるいはしないのかどうか再検討する必要がある。

他方，3，5年生は，謝罪の言葉に関わらず，罪悪感あり顔を見れば加害者の罪悪感を認知する反応が多く，罪悪感なし顔を見れば罪悪感を認知しない反応が多かった (Table 3-5)。したがって，表情の影響は3年生以降にみられるこ

とが確認され，仮説②が支持された。特に注目すべき点は，「罪悪感なし顔－言葉あり」条件においても，罪悪感を認知しない反応が多かったことである。つまり，3年生以降，罪悪感の認知に及ぼす影響は，怒りの変化に及ぼす影響とは異なり，言葉よりも表情の方が大きいといえる。このことは，3年生以降，謝罪の言葉があれば加害者が反省していると判断するのではなく，適切に謝罪を識別していることを示唆している。その際，謝罪を識別する手がかりとして，謝罪する際の加害者の表情が利用されうることも明らかになった。

罪悪感の認知と怒りの変化の関連

1年生では，罪悪感の認知と怒りの変化の間に関連がみられなかった。一方，3，5年生においては，罪悪感の認知があると怒りが減少し，罪悪感の認知がないと怒りが増加した。1年生の結果については，上述のように，罪悪感の認知質問の理解不足が影響している可能性があり，再検討の余地が残されているものの，少なくとも3，5年生では「罪悪感を認知している方が，怒りが緩和される」という仮説③が支持され，大人と同様の反応過程が児童期中期以降には存在することが示唆された。ただし，本研究では，罪悪感の認知質問を怒りの変化質問より後に行っており，罪悪感の認知が怒りの変化に先立っているかはわからない。

また，この質問提示順序の問題は，「罪悪感なし顔－言葉あり」条件における3，5年生の反応パターンとも関連している可能性がある。すなわち，怒りの変化についての結果では，3，5年生では，「罪悪感なし顔－言葉あり」条件において怒りが増加しなかったが，この条件において罪悪感を認知していない者の方が多いことから，怒りの変化質問を行った時点では表情図に注目していなかった児童が存在し，その結果，3，5年生における表情の怒りへの影響が小さかった可能性がある。手がかり質問は，言葉と表情を共に手がかりとして使用したかを確認するために行ったが，その結果，どの学年においてもほとんどの子どもが「かおとせりふ」の両方をもとに答えたと報告している（Table 3-7）。しかし，本研究では，すべての条件の後にこの質問を1度行っているだけであり，ある条件の時にはどちらかの手がかりしか利用していないという可能性が残されている。以上の問題点を解決するためには，罪悪感の認知質問と怒りの変化質問の質問順を変えたり，教示を与えて確実に表情図に注目できるように

質問紙を工夫したりするなど,材料を改良することで再検討する必要がある。
本研究のまとめ
　本研究では,加害者の謝罪の言葉と表情が児童の謝罪認知に与える影響について,その発達的変化を横断的に検討した。その結果,謝罪の言葉がないと怒りが緩和されない1年生と比べて,3,5年生では,加害者が悲しそうな表情であれば謝罪の言葉がなくても罪悪感を認知し,怒りが増加しにくいことが明らかになった。ただし,学年に関わらず,加害者が嬉しそうな表情であっても謝罪の言葉があれば怒りが減少しやすいことから,謝罪を識別することが可能となる3年生以降においても,「ごめんね」と言われたら「いいよ」と答えるという言葉のやりとりが強く根づいている可能性が示唆された。これらの結果について,以下の3点を考察する。
　第一に,言葉の影響が表情の影響よりも先行してみられることについてである。この点については,言葉と表情の利用しやすさに違いがある可能性が考えられる。子どもは幼い頃から表情を手がかりとして感情を認知していることは周知の事実だが,2～4歳頃,言語が発達するにしたがって,言語による感情理解は表情に基づく感情理解よりも勝ってくると言われている(櫻庭・今泉,2001)。このような感情理解の研究からも,児童期初期において,言葉は表情よりも重要な手がかりとして利用されやすいといえるのかもしれない。
　なぜ言葉が表情よりも重要な手がかりとなるのかを考える際,表示規則(display rules)に関する先行研究が参考になる。表示規則とは,どのような場面でどのように情動を表出すべきかといった情動表出に関するルールのことで(Ekman & Friesen, 1969),子どもは表情の表示規則よりも言葉の表示規則の方を早く理解することが報告されている(Gnepp & Hess, 1986)。ある場面で何と言うべきか,という問題は,親のしつけや学校などの教育的な働きかけを通して幼児期などから学習されているのに対し,どんな表情をするべきか,という点については,社会的にしつけの対象となることが少なく,自分の経験を通して主体的に学習しなければならないため,理解が遅れると考えられる。そして,謝罪行為を一種の表示規則として考えると,より年齢の低い子どもにとっては,謝罪場面において,どんな表情をするべきかよりも,何と言うべきかの方が理解しやすいと考えられる。

第二に，罪悪感の認知に及ぼす影響は，3年生以降，言葉よりも表情の方が大きくなるのに対し，怒りの変化に及ぼす言葉の影響は3年生以降も依然として大きいという問題についてである。謝罪の言葉があると怒りが緩和するという反応は，「謝罪を受けたら許さなければならない」という許容スクリプトに基づく反応であることが考えられる。つまり，謝罪を識別することが可能となる3年生以降の子どもの中にも，「ごめんね」と言われたら「いいよ」と答えるという言葉のやりとりが強く根づいている可能性が示唆される。

　第三に，1年生で表情の影響がみられなかったことについてである。この理由として，1年生が言葉の情報のみを利用して表情の情報を利用していなかったのではなく，加害者の表情の解釈が発達的に変化していた可能性も考えられる。本研究では，Darby & Schlenker（1989）を参考に，「悲しそうにみえる」表情を「罪悪感あり顔」，「嬉しそうにみえる」表情を「罪悪感なし顔」として，操作的に定義した。つまり，謝罪の言葉を伴った嬉しそうな表情は，「罪悪感がない」というネガティブな表情として解釈されることを想定していたが，1年生では，むしろ親和的な表情としてポジティブに解釈した子どもが多かったのかもしれない。また，謝罪の言葉がない場合に，悲しそうな表情が伴うことで，「考え込んでいる」などのポジティブな解釈をする子どもが3年生以降多く存在したのかもしれない。これらはすべて，単純な表情認知の問題というよりは，言葉との相互作用によって，表情の解釈が異なり，その解釈が発達的に変化しうることを示唆している。このことについては，子どもに理由づけを聞くなどして明らかにすることができるであろう。

　そこで，研究4では，研究3の問題点を踏まえて質問紙を改良した上で，児童の判断基準を検討することとした。

第3節　［研究4］加害者の言葉と表情の影響②

目　的

　研究4では，研究3の問題点を改善することで，謝罪場面における加害者の表情の違いが，児童の謝罪の認識にどのように影響しているのか，その影響が

どのように発達的に変化するのかということについて，さらに検討することを目的とした。

具体的には，罪悪感を「反省している」という言葉で表現することで1年生にも理解しやすいようにし，罪悪感の認知質問と怒りの変化質問の質問順を変え，確実に表情図を注目するように教示し，判断の基準について，その理由づけを自由記述で求めることとした。ただし，1年生においては自由記述が難しいため，理由づけについては，3，5年生のみを対象とした。

また，研究3において，「罪悪感あり顔－言葉あり」条件と「罪悪感なし顔－言葉なし」条件については，1年生から5年生まで反応に大きな差がみられなかった。そして，その反応は，「罪悪感あり顔－言葉あり」条件では怒りが減少し，「罪悪感なし顔－言葉なし」条件では怒りが増加する，という予想通りのものであった。そこで，本研究では，研究3で大きな学年差がみられた「罪悪感あり顔－言葉なし」条件と，予想に反してどの学年においても怒りが減少した「罪悪感なし顔－言葉あり」条件に焦点をあてて検討を行った。

さらに，謝罪場面での表情のバリエーションとして，ニュートラルな表情で謝る条件を新たに設けた。ニュートラルな表情というのは，それだけでは何も感情を感じていないことを表す表情であるため，表情に注目しても罪悪感は認知されず，怒りが増加する可能性がある。他方，表情から相手の感情が推測できないため，言葉から罪悪感を認知し，怒りが減少する可能性もある。この条件の分析により，児童期の子どもが謝罪場面での加害者の言葉と表情のどちらを重視するのかをより明確に検討できると考える。

方　法

対象児

京都府の公立小学校1校の1，3，5年生，計210名であった。内訳は，1年生63名（女子29名，男子34名，平均年齢7歳1ヶ月），3年生59名（女子24名，男子35名，平均年齢9歳3ヶ月），5年生88名（女子49名，男子39名，平均年齢11歳1ヶ月）であった。

調査用紙の形式

B5判（横置き）の冊子形式であった。その他の形式は，研究3と同様であっ

た。
調査用紙の内容
　以下に主な内容について説明する。
　1．仮想場面の提示：まず，怒りを喚起する仮想場面を，以下の文章で提示した。「あなたは，一番仲のよい友達に，あなたのお気に入りのものを貸しました。でも返してもらうと汚れているところがあって，その汚れはふいてもとれませんでした。友達は，わざと汚したのではないと言いました。」
　2．教　　示：仮想場面の提示後，以下の文章を提示した。「次のページからお話のつづきが3通り書いてあります。絵もよく見て質問に答えてください。お気に入りのものだったので腹が立ったと思って答えて下さい。」
　ここでは，子どもが確実に表情図に注目するよう，「絵もよく見て質問に答えて下さい」の一文を太字にし，下線を引くことで強調した。
　3．謝罪条件の提示：教示の提示後，3つの謝罪場面（罪悪感なし顔－言葉あり条件，罪悪感あり顔－言葉なし条件，ニュートラル－言葉あり条件）を，「つづき　その①」，「つづき　その②」，「つづき　その③」という風に，1つずつ順に提示した。条件の提示順はクラスごとに変化させた。提示には，研究3と同様，表情図とふきだしと説明文を用いた。
　4．罪悪感の認知質問：謝罪条件の提示後，「この子は反省していると思いますか？　反省していないと思いますか？」という質問を提示し，「反省している」（認知あり），「反省していない」（認知なし）の2つの選択肢からどちらか1つ選択するように求めた。3，5年生では，どうしてそう思うのか，回答に対する理由づけを自由記述で求めた。
　5．怒りの変化質問：罪悪感の認知質問の提示後，「このときあなたはどんな気持ちになりますか？」という質問を提示し，「よけい腹が立つ」（増加），「かわらない」（維持），「腹が立つのがおさまる」（減少）の3つの選択肢から1つ選択するように求めた。また，3，5年生では，どうしてそう思うのか，回答に対する理由づけを自由記述で求めた。
手 続 き
　授業時間内にクラス単位の集団で調査を実施した。すべてのクラスで，担任教師が説明文および問題文，設問を一度だけ読み上げ，全員が各設問の回答を

書き終えるのを待ちながら，一斉に1つずつ進めた。また，「反省している」や「腹が立つ」などの言葉の意味が理解できない子どもがいた場合には，担任教師が説明を行い，すべての子どもが言葉の意味を理解できていることを確認した。

結　果

分析対象

分析する上で，記入漏れのあった1年生8名（女子3名，男子5名），3年生9名（女子4名，男子5名），5年生1名（女子）を除外した。

罪悪感の認知

罪悪感の認知質問に対する各回答の学年・条件ごとの人数をTable 3-8に示した。

加害者が反省していると思うかどうかについて，学年差を検討するため，謝罪条件ごとに，学年（1年，3年，5年）×罪悪感の認知（あり，なし）のχ^2検定を行った。その結果，「罪悪感なし顔－言葉あり」条件においてのみ学年による比率の差が有意であった（罪悪感なし顔－言葉あり $\chi^2(2) = 35.38, p < .001$；罪悪感あり顔－言葉なし $\chi^2(2) = 1.19, n.s.$；ニュートラル－言葉あり $\chi^2(2) = 3.42, n.s.$）。残差分析の結果，「罪悪感なし顔－言葉あり」条件において，「反省していないと思う」と回答する者が1年生で少なく，5年生で多く，「反省していると思う」と回答する者は1年生で多く，5年生で少なかった（$p < .05$）。

Table 3-8. 罪悪感の認知質問に対する学年別の回答者数（%）

		反省していると思う	反省していないと思う
罪悪感なし顔－言葉あり	1年生	28 (50.9)**	27 (49.1)**
	3年生	17 (34.0)	33 (66.0)
	5年生	6 (6.9)**	81 (93.1)**
罪悪感あり顔－言葉なし	1年生	38 (69.1)	17 (30.9)
	3年生	38 (76.0)	12 (24.0)
	5年生	67 (77.0)	20 (23.0)
ニュートラル－言葉あり	1年生	17 (30.9)	38 (69.1)
	3年生	8 (16.0)	42 (84.0)
	5年生	24 (27.6)	63 (72.4)

$**p < .01$

第3節 ［研究4］加害者の言葉と表情の影響② 55

Table 3-9. 理由づけのカテゴリ

カテゴリ	定義	例
表情	加害者の表情に関するもの	笑っているから／困った顔をしている
言葉	加害者の言葉に関するもの	あやまっているから／なにもいわない
印象	加害者について表情・言葉以外の様子に関するもの	心がこもっているから／ふざけている／反省しているから
その他	場面設定などに言及	仲がいいともだちだから／わざとしたんじゃない

罪悪感の認知の理由づけ

3，5年生に求めた，罪悪感の認知質問への回答に対する理由づけについての自由記述を，4つのカテゴリでコーディングした。カテゴリの定義とその例を Table 3-9 に示した。それぞれのカテゴリは独立ではなく，子どもの回答が2つ以上のカテゴリにまたがっている場合にはそれぞれに1つずつ分類した。分類した結果を Table 3-10に示した。

罪悪感なし顔 - 言葉あり条件：罪悪感の認知質問では，3年生も5年生も「反省していない」と判断した子どもが多かったが，その90％近くが「表情」を理由として答えており，謝るときに嬉しそうな顔をすると，反省していないと認識されていることがわかった。また，「反省している」と判断した子どもの中には，「にこっとして」などと，嬉しそうな表情をそのままポジティブに認識している子どもが3年生で4人，5年生で2人いた。

罪悪感あり顔 - 言葉なし条件：罪悪感の認知質問では，3年生も5年生も「反

Table 3-10. 学年ごとの罪悪感の認知に対する各理由づけののべ人数（％）

			表情	言葉	印象	その他
3年生	罪悪感なし顔 - 言葉あり	認知あり	4 (20.0)	12 (60.0)	3 (15.0)	1 (5.0)
		認知なし	30 (88.2)	0 (0.0)	2 (5.9)	2 (5.9)
	罪悪感あり顔 - 言葉なし	認知あり	22 (52.4)	6 (14.3)	5 (11.9)	9 (21.4)
		認知なし	2 (16.7)	8 (66.7)	1 (8.3)	1 (8.3)
	ニュートラル - 言葉あり	認知あり	14 (26.4)	28 (52.8)	9 (17.0)	2 (3.8)
		認知なし	3 (50.0)	0 (0.0)	2 (33.3)	1 (16.7)
5年生	罪悪感なし顔 - 言葉あり	認知あり	2 (25.0)	4 (50.0)	1 (12.5)	1 (12.5)
		認知なし	73 (84.9)	1 (1.2)	11 (12.8)	1 (1.2)
	罪悪感あり顔 - 言葉なし	認知あり	51 (71.8)	3 (4.2)	14 (19.7)	3 (4.2)
		認知なし	4 (17.4)	16 (69.6)	3 (13.0)	0 (0.0)
	ニュートラル - 言葉あり	認知あり	42 (42.4)	43 (43.4)	11 (11.1)	3 (3.0)
		認知なし	22 (81.5)	0 (0.0)	5 (18.5)	0 (0.0)

省している」と判断した子どもが多かったが，そのうち，3年生では約半数，5年生では約7割が「表情」を理由として答えており，表情から罪悪感を認知していることがわかった。「表情」以外の理由づけとして，「本当はあやまりたいけど，あやまれないと思う」や「考え込んでいると思う」など，謝罪の言葉がないことをポジティブに解釈する子どももいることがわかった。反対に，「反省していない」と判断した子どもの中で「表情」を理由としたものは，「自分はわざとやったんじゃないのにと思っているように見える」などの理由があった。

ニュートラル－言葉あり条件：罪悪感の認知質問では，3年生も5年生も「反省している」と判断した子どもが多かったが，そのうち「表情」を理由として答えた子どもは3年生で約3割，5年生では約4割であり，「しんけんな顔」といった記述が多かった。しかし，「反省していない」と判断した子どもの中には，「『べつに』という感じの顔」や「ふつうの顔」，「心がこもっているような感じがしない」，「なんか笑っている」などと，ニュートラルな表情をあまりポジティブに認知していない子どももいることがわかった。

怒りの変化

怒りの変化質問に対する各回答の学年・条件ごとの人数を Table 3-11 に示した。

怒りの変化の学年差を検討するため，謝罪条件ごとに，学年（1年，3年，5年）×怒りの変化（増加，維持，減少）の χ^2 検定を行った結果，「罪悪感なし顔－言葉あり」条件と「ニュートラル－言葉あり」条件の2条件で学年による比率の差が有意であった（罪悪感なし顔－言葉あり条件 $\chi^2(4) = 49.95$, $p < .001$；

Table 3-11. 怒りの変化質問に対する学年別の回答者数（%）

		増加	維持	減少
罪悪感なし顔 －言葉あり	1年生	18(32.7)**	19(34.5)**	18(32.7)**
	3年生	22(44.0)**	13(26.0)	15(30.0)*
	5年生	76(87.4)**	6(6.9)**	5(5.7)**
罪悪感あり顔 －言葉なし	1年生	10(18.2)	23(41.8)	22(40.0)
	3年生	7(14.0)	13(26.0)	30(60.0)
	5年生	10(11.5)	28(32.2)	49(56.3)
ニュートラル －言葉あり	1年生	10(18.2)	21(38.2)*	24(43.6)**
	3年生	3(6.0)	13(26.0)	34(68.0)
	5年生	14(16.1)	15(17.2)*	58(66.7)

*$p < .05$, **$p < .01$

第 3 節　［研究 4］加害者の言葉と表情の影響② 57

ニュートラル - 言葉あり条件 $\chi^2(4) = 12.63$, $p < .05$；罪悪感あり顔 - 言葉なし $\chi^2(4) = 5.51$, $n.s.$）。残差分析の結果,「罪悪感なし顔 - 言葉あり」条件で「増加」が 5 年生で多く,「維持」が 1 年生で多く, 5 年生で少なく,「減少」が 5 年生で少なかった（$p < .05$）。また,「ニュートラル - 言葉あり」条件では,「減少」が 1 年生で少なく,「維持」が 1 年生で多く, 5 年生で少なかった（$p < .05$）。

罪悪感の認知と怒りの変化の関連

罪悪感の認知と怒りの変化の関連をみるため, 学年・条件ごとの罪悪感の認知別に, 怒りの変化の各回答者数を Table 3-12 に示した。

すべての学年・条件において, 罪悪感を認知している子どもは, 怒りが減少するまたは変わらないと回答することが多く, 罪悪感を認知していない子どもは怒りが増加すると答える傾向があることがわかった。しかし, 少数ではあるが, 全く逆の反応（罪悪感の認知ありで怒りが増加, または罪悪感の認知なしで怒りが減少）を示す者もみられた。

怒りの変化の理由づけ

3, 5 年生に求めた, 怒りの変化質問の回答に対する理由づけの自由記述を,

Table 3-12. 罪悪感の認知別にみた怒りの変化の各反応の人数（%）

学年	条件	認知	増加	維持	減少
1年生	罪悪感なし顔 - 言葉あり	認知あり	1(3.6)	11(39.3)	16(57.1)
		認知なし	17(63.0)	8(30.0)	2(7.4)
	罪悪感あり顔 - 言葉なし	認知あり	5(13.2)	13(34.2)	20(52.6)
		認知なし	5(29.4)	10(58.8)	2(11.8)
	ニュートラル - 言葉あり	認知あり	0(0.0)	15(39.5)	23(60.5)
		認知なし	10(58.8)	6(35.3)	1(5.9)
3年生	罪悪感なし顔 - 言葉あり	認知あり	0(0.0)	4(23.5)	13(76.5)
		認知なし	22(66.7)	9(27.3)	2(6.1)
	罪悪感あり顔 - 言葉なし	認知あり	0(0.0)	8(24.2)	30(90.9)
		認知なし	7(58.3)	5(41.7)	0(0.0)
	ニュートラル - 言葉あり	認知あり	0(0.0)	9(21.4)	33(78.6)
		認知なし	3(37.5)	4(50.0)	1(12.5)
5年生	罪悪感なし顔 - 言葉あり	認知あり	0(0.0)	1(16.7)	5(83.3)
		認知なし	76(93.8)	5(6.2)	0(0.0)
	罪悪感あり顔 - 言葉なし	認知あり	0(0.0)	20(29.9)	47(70.1)
		認知なし	10(50.0)	8(40.0)	2(10.0)
	ニュートラル - 言葉あり	認知あり	1(1.6)	5(7.9)	57(90.5)
		認知なし	13(54.2)	10(41.7)	1(4.2)

罪悪感の認知質問での理由づけと同様の基準でコーディングし，分類した結果を Table 3-13に示した。

罪悪感なし顔 – 言葉あり条件：怒りが増加する理由の 6 ～ 7 割が「わらっているから」などの「表情」であったが，その他には「反省していないから」といった「印象」が多くみられた。また，3 年生において，反省していないと思うが，怒りが減少すると答えた 2 人の理由づけをみると，1 人は「友だちだから」，もう 1 人は「わからない」と答えていた。

罪悪感あり顔 – 言葉なし条件：怒りが減少する理由として，「ほんとうにすまないと思っているかおだから」や「反省しているから」などの「表情」と「印象」によるものがほとんどであった。その他に，3 年生では「友だちと遊べなくなるから」や「ずっとはらがたっていたらいけないから」といった理由が，5 年生では「お気に入りなのに，貸したこっちも悪かったな，と思うから」や「相手がかわいそうだから」といった理由がみられた。

ニュートラル – 言葉あり条件：怒りが減少する理由の約半数が，「あやまっているから」などといった「言葉」に関するものであったが，「ちゃんと（あやまっ

Table 3-13. 学年ごとの怒りの変化に対する各理由づけののべ人数（%）

			表情	言葉	印象	その他
3年生	罪悪感なし顔 – 言葉あり	増加	14(66.7)	0(0.0)	5(23.8)	2(9.5)
		維持	2(20.0)	2(20.0)	4(40.0)	2(20.0)
		減少	3(18.8)	8(50.0)	2(12.5)	3(18.8)
	罪悪感あり顔 – 言葉なし	増加	0(0.0)	5(71.4)	1(14.3)	1(14.3)
		維持	2(14.3)	5(35.7)	2(14.3)	5(35.7)
		減少	4(13.3)	1(3.3)	20(66.7)	5(16.7)
	ニュートラル – 言葉あり	増加	0(0.0)	0(0.0)	2(100.0)	0(0.0)
		維持	0(0.0)	3(30.0)	4(40.0)	3(30.0)
		減少	9(21.4)	20(47.6)	8(19.0)	5(11.9)
5年生	罪悪感なし顔 – 言葉あり	増加	52(59.8)	1(1.1)	32(36.8)	2(2.3)
		維持	3(50.0)	1(16.7)	2(33.3)	0(0.0)
		減少	2(33.3)	3(50.0)	0(0.0)	1(16.7)
	罪悪感あり顔 – 言葉なし	増加	2(20.0)	8(80.0)	0(0.0)	0(0.0)
		維持	2(6.9)	22(75.9)	1(3.4)	4(13.8)
		減少	25(51.0)	2(4.1)	20(40.8)	2(4.1)
	ニュートラル – 言葉あり	増加	5(35.7)	0(0.0)	8(57.1)	1(7.1)
		維持	5(26.3)	3(15.8)	7(36.8)	4(21.1)
		減少	12(13.3)	43(47.8)	28(31.1)	7(7.8)

た）」や「悪いと思って（あやまった）」などの修飾がつくものが多く，「表情」や「印象」にまたがる回答がよくみられた。また，反省していないと思うが，怒りが減少するという回答への理由づけは，「友だちだから」，「何も思っていないからもうあきらめる」であった。

考　察

罪悪感の認知に及ぼす言葉と表情の影響

　罪悪感の認知について，「罪悪感なし顔 – 言葉あり」条件でのみ学年差がみられ，学年が上がるにつれて罪悪感を認知しない割合が高くなった（Table 3-8）。また，「ニュートラル – 言葉あり」条件においては，3，5年生も1年生と同様に罪悪感を認知しており，3，5年生の理由づけの結果（Table 3-9）からは，表情を重視していることが示唆された。このことから，児童期を通して，謝罪の言葉があれば反省していると認知するのではなく，その他の情報も加味した上で認知するようになると考えられる。これは，児童期において，謝罪に対する反応が変化することを示した先行研究（Darby & Schlenker, 1982, 1989）や児童期において表情と状況手がかりの統合ができるようになることを示した先行研究（Gnepp, 1983；久保，1982；笹屋，1997）の知見と一致する結果であるといえる。

　また，1年生は，「罪悪感なし顔 – 言葉あり」条件において，反省していないと思う割合が他の学年と比べると低かったが，二項検定の結果，反省していると思う比率と反省していないと思う比率の差は有意ではなかった。これは，3，5年生の理由づけの結果（Table 3-9）において，罪悪感を認知している子どもは表情を重視していることが示唆されていることから，1年生では表情よりも言葉を重視していた可能性が考えられる。他方，3，5年生で「反省している」と判断した子どもの中にも，謝罪する時の嬉しそうな表情をポジティブに評価している子どもがいたことから，1年生は罪悪感なし顔をポジティブに評価する傾向が強かった可能性も考えられる。これに関し，「罪悪感なし顔 – 言葉あり」条件における罪悪感の認知と怒りの変化との関連をみると，すべての学年において同様の傾向が確認されている（Table 3-10）。このことから，学年によって，表情の受け取り方が異なった可能性が高いと考えられる。つまり，1

年生においては，謝罪する時の嬉しそうな表情は罪悪感がないというネガティブな意味ではなく，むしろ親和的な表情としてポジティブに評価されるが，学年が上がるにつれて，謝罪する時に笑っているのは，親和性を伝えるものというよりは，むしろ不誠実な態度として認知された可能性がある。

怒りの変化に影響を及ぼす要因

怒りの変化についてみてみると，「罪悪感なし顔 - 言葉あり」条件において学年差がみられ，学年が上がるにつれて，怒りの増加反応が増える傾向があったが，他の条件においては大きな学年差はみられなかった (Table 3-11)。これは，罪悪感の認知と同様の傾向であった。また，罪悪感の認知と怒りの変化の関連を検討したところ (Table 3-12)，罪悪感を認知していると怒りが減少し，罪悪感を認知しないと怒りが増加する傾向がみられた。このことから，児童期においても，謝罪は加害者の反省を示す指標として認識されており，加害者の謝罪が被害者の抱く攻撃的感情を緩和する (Ohbuchi et al., 1989) という効果は，罪悪感が認知された時にみられる傾向が示唆された。

ただし，罪悪感を認知していても怒りが増加したり，認知していなくても怒りが減少したりする例も少数とはいえ確認されたことに注意が必要である。罪悪感を認知していなくても怒りが減少する理由づけとして，「友だちだから」や「友だちと遊べなくなるから」など，相手との関係性の影響が大きいと思われるものがあった。本研究では，加害者を「一番仲のよい友達」として限定して検討したが，特に低学年においては，お互いの関係を肯定的に捉えている関係では怒りを表出しにくい (塙, 1999) ということもあり，自然と怒りが減少するのではなく，自ら怒りを抑制するような反応も含まれていた可能性がある。

本研究のまとめ

本研究では，加害者の謝罪の言葉と表情が児童の謝罪認知に及ぼす影響について，特に加害者の表情に注目させて検討した。その結果，謝罪する時の表情が嬉しそうな時，罪悪感を認知するかどうかが学年によって異なり，学年が上がるにつれて反省していないと思うようになることがわかった。ニュートラルな表情で謝罪する場合や悲しそうな表情で何も言わない場合には，大きな学年差はみられなかったものの，子どもによってはポジティブな印象を持つか，ネ

ガティブな印象を持つかが異なることが確認された。これは，ただの表情認知の問題というよりは，謝罪の言葉と表情の組み合わせによって生じた結果であると思われる。しかし，本研究では1年生には理由づけを聞いておらず，それぞれの条件における表情をどのように認識していたかは不明である。したがって，今回3，5年生の自由記述で得られた理由づけをもとに，1年生でも答えられるよう，選択肢を用意するなどして，罪悪感の認知の理由づけをより詳細に検討することが必要である。

また，すべての学年において，罪悪感を認知していると怒りが減少し，認知しないと怒りが増加するという傾向が確認された。これは児童の謝罪の認識が，「ごめんね」という単なるルールではなく，反省を伝えるための行為であることを認識していることを示唆している。しかし，怒りが減少すると答えた子どもの中には，友達との関係性の維持のため，怒りがおさまるというよりは自ら抑制することを選んだ子どももいると思われる。本研究では，一番仲のよい友達に限定して謝罪の認知の検討を行ったが，今後，親密性の低い友達の場合や，見知らぬ相手の場合など，さまざまな関係性を設定して検討することで，児童の謝罪の認識について，さらなる知見が得られるであろう。

第4節　第3章のまとめ

本章では，被害者の立場に焦点をあて，児童は加害者の謝罪を誠実なものとそうでないものに区別して認知するのかどうかという観点から，児童の謝罪認知の発達的変化を横断的に検討した。

研究3では，小学校1，3，5年生を対象に，加害者の表情（罪悪感のある表情かない表情か）と謝罪の言葉（謝罪があるかないか）によって，被害者の怒りがどのように変化するか，および，罪悪感を認知するか，について，その発達差を検討した。その結果，謝罪の言葉がないと怒りが緩和されない1年生と比べて，3，5年生では，加害者が悲しそうな表情であれば謝罪の言葉がなくても罪悪感を認知し，怒りが増加しにくいことが明らかになった。ただし，学年に関わらず，加害者が嬉しそうな表情であっても，謝罪の言葉があれば怒りが減少しやすいことから，加害者の謝罪を誠実なものとそうでないものに識別

することが可能である3，5年生であっても，「ごめんね」と言われたら「いいよ」と答えるという言葉のやりとりが自動的な反応として強く根づいている可能性が示唆された。

　さらに，研究4では，確実に表情図を注目するように教示するなど，研究3の問題点を改良することで，謝罪認知の発達差についてより詳細に検討した。その結果，学年によって，表情の受け取り方が異なった可能性が高いことが明らかになった。すなわち，1年生においては，謝罪する時の嬉しそうな表情が「罪悪感がない」というネガティブな意味ではなく，むしろ親和的な表情としてポジティブに評価されるのに対し，3，5年生は，謝罪する時の嬉しそうな表情を，親和性を伝えるものというよりは，むしろ不誠実な態度として認知する可能性が示唆された。

　以上をまとめると，1年生は謝罪の言葉があると加害者は反省していると受け取りやすく，たとえ嬉しそうな表情で謝っていたとしても，その表情をポジティブに解釈している可能性があること，しかし，3年生以降，謝罪の言葉があっても嬉しそうな表情では反省しているとは考えなくなるということが明らかになった。

4 対人葛藤場面において謝罪を促す効果

第1節　本章の目的

　対人葛藤場面において，加害者が謝罪をしたからといって，必ずしも葛藤が解決されるとは限らない。このことは，多くの先行研究から明らかになっている（土井・高木，1993；Eaton & Struthers, 2006；McCullough et al., 1998；Struther et al., 2008）。では，どのような謝罪であれば葛藤が解決されるのだろうか。中川・山崎（2005）は，「違反の繰り返しを減少させ，当事者間の関係を良好なものにする」ということを「本質的な対人葛藤解決」とした上で，本質的な葛藤解決のためには，「道具的謝罪ではなく誠実な謝罪が必要」であると指摘している。これは，「道具的謝罪と異なり，誠実な謝罪を行った場合，加害者は責任を受容し罪悪感を認識していることから違反が繰り返される可能性が低くなる」ことが予測され，「加害者は自らの非を認めているため，対人葛藤や被害者に対する不満が残る可能性が低く，道具的謝罪を用いる場合と比べると，謝罪後の当事者間の関係は良好になる」と考えられるからである。したがって，対人葛藤の本質的な解決を考える上で，誠実な謝罪を促進する要因を明らかにすることは重要であるといえる。

　ところで，ここまでの研究1から研究4では，子ども同士の対人葛藤場面において，加害者が自発的に謝罪する場面を扱ってきたが，第三者が介入して解決を促すことで加害者が謝罪する場面も，児童の対人葛藤場面で頻繁にみられる光景である。謝罪は他者との相互作用の中で学習される社会的行動（Ladd & Mize, 1983）のひとつであり，道徳行動や社会的行動にモデリングが果たす役割は大きい（Berkowitz & Grych, 1998）ことなどから，対人葛藤場面における第三者の介入行動が子どもの謝罪に与える影響は大きいと考えられる（中川，

2004)。そこで，本章では第三者の介入行動に着目することで，誠実な謝罪を促進し，本質的な対人葛藤解決につながる要因について検討することを目的とした。

先行研究では，幼児の対人葛藤場面において，保育者および幼児がどのような介入を行うのかということについて，観察研究により検討されてきた（本郷・杉山・玉井，1991；中川，2003a，2004；中川・山崎，2003）。これらの研究から，第三者の介入として，被害者の気持ちを聞く「気持ちの確認」，それを加害者に伝達する「代弁」，関係者にトラブルが生じた状況の説明を求める「違反事実の確認」，強い言葉かけで当事者の行動を諌める「制止」，力関係を理由に一方の味方につく「加勢」など，多用な介入行動がみられることが明らかにされている。仲間との葛藤経験は，子どもの認知発達及び社会的発達にポジティブな影響を及ぼす（Shantz, 1987）と言われているが，子どもが仲間との葛藤を本質的に解決するために誠実な謝罪を行うようになるには，「違反事実の確認」によって責任を認識させ，「気持ちの確認」や「代弁」によって罪悪感を喚起するなど，当事者同士を仲介するような介入が必要であると考えられる。

しかしながら，教師は対人葛藤を向社会的行動などの発達を促す機会として考えるよりも，なるべく早く葛藤を終結させることに熱心になる傾向が指摘されている（Chen, Fein, Killen, & Tam, 2001）。特に，児童期において，教室で生じた対人葛藤場面では，謝罪が奨励されやすく（Browning et al., 2000），仮想場面を用いた研究においても，仲介するような介入より，どうすべきかを直接子どもに指示することで葛藤を止めるような介入が多く用いられる傾向が示されている（Silver & Harkins, 2007）。

ただし，先行研究では，第三者がどのような介入行動を行っているかを示しただけにとどまり，そのような第三者の介入が実際に子ども同士の葛藤解決につながるのかどうかは明らかになっていない。また，観察研究では，介入後に謝罪を行うかどうかという点に関しては検討できるものの，加害者が罪悪感を伴う謝罪をしているのかどうかについて調べることは難しい。しかし，本質的な葛藤解決を考えるためには，単に謝罪するかどうかではなく，謝罪に罪悪感が伴っているかどうかが重要である。そこで，研究5では，仮想場面を用いて，第三者の介入が加害者の罪悪感に及ぼす影響について検討する。

さらに，第三者から促されて加害者が謝った場合，被害者がその謝罪をどのように受け止めるのかという点についても検討する必要がある。Risen & Gilovich (2007) は，成人を対象に，加害者が他者から促されて謝るという仮想場面を用いて，被害者が謝罪をどのように受け取るかを検討した結果，被害者はどのような謝罪も規範的には拒否すべきでないとは判断するものの，自発的でない謝罪を感情的には拒否したいと感じることを示した。つまり，他者から促された自発的でない謝罪は，誠実な謝罪ではないと受け取られるということが示唆される。

　では，いつ頃から，自発的でない謝罪を誠実でないと判断するようになるのであろうか。この問題は，子ども同士の対人葛藤に対し，介入者である教師が加害者に謝るように直接促すことが多い児童期において特に重要な問題であるといえる。なぜなら，教師の介入によって謝罪した加害者が，被害者から誠実でないと評価されれば，本質的な葛藤解決に至らない可能性が高いからである。そこで，研究6では，第三者の介入が被害者の謝罪認知に及ぼす影響について検討する。

　また，中川 (2004) は，4歳児と比べ6歳児の対人葛藤に他児が介入することが多いことを明らかにし，中川・山崎 (2003) は，6歳児の介入行動には，時間経過に伴って「制止」や「代弁」，「気持ちの確認」などの公正な介入行動が多くなり，「加勢」のような不公正な介入行動が減少するという，発達差が現れることを明らかにしている。このことは，幼児が保育者の介入をモデリングしている可能性を示唆しており (中川, 2004)，児童期においても，教師の介入行動をモデリングすることで，他の児童が加害者に謝罪を直接促すという介入を行う可能性は高い。しかしながら，教師か同年齢の友達かといった介入者の立場の違いが，葛藤解決に及ぼす影響については，ほとんど明らかになっていない。そこで，本研究では，先生が謝罪を促す先生条件と，同学年の友達が謝罪を促す友達条件を比較する。そうすることにより，児童の対人葛藤場面におけるよりよい介入方法の一端を明らかにできると考えられる。

第2節　［研究5］謝罪を促すことが加害者の罪悪感に及ぼす影響

目　　的

　研究5では，先生が謝罪を促す条件と，同学年の友達が謝罪を促す条件を設定し，謝罪の促しのない統制条件と比較することで，加害者に謝罪を促すという介入が，加害者の罪悪感にどのような影響があるのかを検討することを目的とした。

方　　法

対　象　児
　京都市内の公立小学校1校の1，3，5年生，計261名を対象に調査を行った。内訳は，1年生89名（女子38名，男子38名，不明13名，平均年齢7歳5ヶ月），3年生87名（女子37名，男子50名，平均年齢9歳0ヶ月），5年生85名（女子48名，男子37名，平均年齢11歳6ヶ月）であった。

材　　料
　B5判の冊子形式の質問紙を用いた。小学校で学習する漢字を考慮し，内容は同一であるが文字の表記形式のみ異なるものを学年ごとに用意した。ただし，漢字にはすべてひらがなでふりがなをつけ，文章は読みやすいようにすべて分かち書きで統一した。

質問紙の内容
　課題には，「あなた」の過失により，同じクラスの友達に被害を与えるという仮想場面を用いた。仮想場面は，謝罪が必要とされると思われる場面を3つ設定した（Table 4-1参照）。場面の呈示順は固定した。
　仮想場面の呈示後，介入条件の文章を提示した。条件は，先生が謝るように促す先生条件，友達が謝るように促す友達条件，促しのない統制条件の3条件を設定した。

　先生条件：「近くで見ていた先生があなたに『あやまらないといけないよ』と

第2節 ［研究5］謝罪を促すことが加害者の罪悪感に及ぼす影響

Table 4-1. 使用した仮想場面の内容

そうじ場面	あなたは そうじの 時間に ほうきを ふりまわして 遊んでいました。すると 同じ クラスの お友達の 頭に ほうきが 当たって しまいました。勢いが 強かったので お友達は いたくて 泣いて しまいました。
ろうか場面	あなたは 休み時間に ろうかで かけっこをして 遊んでいました。曲がり角を 曲がったとき 同じ クラスの お友達に ぶつかりました。勢いが 強かったので お友達は いたくて 泣いて しまいました。
ボール場面	あなたは 休み時間に 運動場で ボール投げをして 遊んでいました。あなたが ボールを 投げると 近くにいた同じクラスの お友達に ぶつかりました。勢いが 強かったので お友達は いたくて 泣いて しまいました。

言いました。」

　友達条件：「近くで見ていた友達があなたに『あやまらないといけないよ』と言いました。」

統制条件では，何も記述しなかった。
　3条件の提示順はラテン方格法によりクラスごとに割り当てた。
　それぞれの場面において，条件の提示後，以下の2つの質問に回答してもらった。

　謝罪質問：「このときあなたはお友達に謝りますか？」
　罪悪感質問：「このときあなたはどれくらい悪いことをしたと思いますか？」

謝罪質問には，「謝る」か「謝らない」の2択，罪悪感質問には，「とても悪いことをしたなあと思う」〜「ぜんぜん悪いことをしたなあと思わない」の4件法で回答してもらった。

結　果

謝罪質問で，3条件すべてに「謝る」と回答した子ども（計242名）を分析の対象とした。分析にあたり，罪悪感質問に対する回答について，「とても〜」を

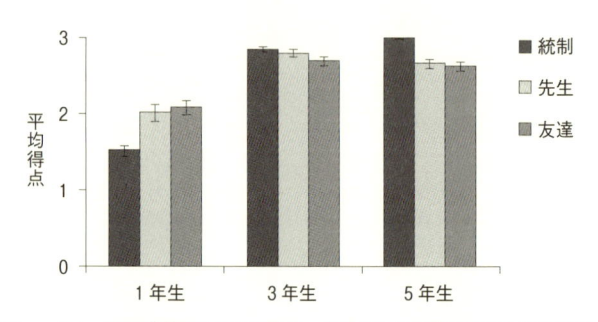

Figure 4-1. 罪悪感質問における学年・条件ごとの平均評定値と標準誤差

3点,「すこし～」を2点,「あまり～」を1点,「ぜんぜん～」を0点として得点化した。罪悪感の評定値の学年,条件ごとの平均値をFigure 4-1に示した。

この評定値について,学年(3)×介入条件(3)の2要因分散分析を行った結果,学年の主効果 ($F(2, 238) = 112.98$, $p < .001$) および学年と条件の交互作用 ($F(2, 476) = 19.15$, $p < .001$) が有意であった。

単純主効果の検定の結果,すべての条件における学年の単純主効果が有意であった(先生条件:$F(2, 714) = 36.18$, $p < .001$,友達条件:$F(2, 714) = 23.22$, $p < .001$,統制条件:$F(2, 714) = 136.29$, $p < .001$)。Ryan法による多重比較の結果,すべての条件において,1年生は3,5年生よりも罪悪感を低く評定していた。

また,1年生と5年生における介入条件の単純主効果が有意であった(1年生:$F(2, 476) = 25.38$, $p < .001$,5年生:$F(2, 476) = 11.46$, $p < .001$)。Ryan法による多重比較の結果,1年生は,統制条件よりも先生条件と友達条件の方が罪悪感を高く評定していた。反対に,5年生では,先生条件と友達条件よりも統制条件の方が罪悪感を高く評定していた。

考 察

学年ごとにみると,1年生は,他者から謝罪を促された方が,自発的に謝った場合よりも罪悪感が高かった。このことから,1年生の場合,対人葛藤場面において加害者に謝罪を促すことは,罪悪感を高める効果のあることが示唆される。しかも,それは教師の介入であっても,友達の介入であっても同様の効

果があることから，1年生は他者から謝罪を促されることによって，自分の行為を反省することにつながるのかもしれない。

　それに対し，5年生では，1年生とは反対の結果であった。すなわち，自発的に謝った方が，他者から謝罪を促された場合よりも罪悪感が高かった。このことから，5年生の場合，対人葛藤場面において加害者に謝罪を促すことは，罪悪感を抑制してしまう可能性が示唆される。統制条件において，5年生は高い罪悪感を示していることを考えると，もともと反省しているにもかかわらず，謝罪するように促されることで，反発心のようなものが生じて，罪悪感が低くなってしまうのかもしれない。

　また，3年生では，他者から謝罪を促されても，自発的に謝る場合と変わらず，一貫して罪悪感が高いという結果であった。

　以上の結果から，謝罪を促す効果は学年によって異なることが明らかになった。すなわち，1年生にとって，誠実な謝罪を引き出す効果がある可能性が示唆されたが，3年生ではその効果がなくなり，5年生では逆に罪悪感を抑制する可能性が示唆された。

第3節　[研究6]謝罪を促すことが被害者の謝罪認知に及ぼす影響

目　的

　研究6では，研究5と同様，先生が謝罪を促す条件と友達が謝罪を促す友達条件を設定し，謝罪の促しのない自発条件と比較することで，児童が他者から促された謝罪をどのように認知するのか，その認知の仕方はどのように発達的に変化するのかを横断的に検討することを目的とした。

方　法

対象児

　京都市内の公立小学校2校の1，3，5年生，計262名が調査に参加した。内訳は，1年生85名（女子49名，男子36名，平均年齢7歳2ヶ月），3年生91名（女子56名，男子35名，平均年齢9歳1ヶ月），5年生86名（女子46名，男子40名，

平均年齢11歳2ヶ月）であった。

材　料

B5判の冊子形式の質問紙を用いた。小学校で学習する漢字を考慮し，内容は同一であるが文字の表記形式のみ異なるものを学年ごとに用意した。ただし，漢字にはすべてひらがなでふりがなをつけ，文章は読みやすいようにすべて分かち書きで統一した。

質問紙の内容

課題には，加害者の過失により，「あなた」が被害を受けるという仮想場面を用いた。仮想場面は，Darby & Schlenker（1989）や Risen & Gilovich（2007）を参考に，謝罪が必要とされると思われる場面を2つ設定した（Table 4-2 参照）。

各仮想場面の提示後，加害者に責任があることが理解されているかを確認するため，以下の確認質問を行った。

確認質問：「Aくん（Bくん）はどれくらい悪いと思いますか？」

質問には，4件法（「とても悪い」，「少し悪い」，「あまり悪くない」，「ぜんぜん悪くない」）で回答してもらった。

確認質問の後，謝罪条件の文章を提示した。

自発条件：「Aくん（Bくん）は　すぐに『ごめんなさい』と言いました」

Table 4-2. 使用した仮想場面の内容

そうじ場面	あなたは　友達と　教室の　そうじを　していました。すると　Aくんが　ほうきを　ふりまわして　あそんでいて　あなたの　頭に　ほうきが　当たって　しまいました。Aくんの　いきおいが　強かったので　あなたは　いたくて　泣いて　しまいました。
ろうか場面	あなたは　友達と　学校の　ろうかを　歩いていました。すると　ろうかで　かけっこを　していた　同じ　クラスの　Bくんが　曲がり角から　飛び出してきて　あなたに　ぶつかりました。Bくんの　いきおいが　強かったので　あなたは　転んで　いたくて　泣いて　しまいました。

第3節　[研究6] 謝罪を促すことが被害者の謝罪認知に及ぼす影響　71

非自発条件（先生，友達）：「Aくん（Bくん）は何も言わずに歩いていこうとしましたが，近くで見ていた先生（友達）が『あやまらないといけないよ』と言ったのでAくん（Bくん）は『ごめんなさい』と言いました」

謝罪条件の提示後，以下の質問に回答してもらった。

反省の認知質問：「Aくん（Bくん）はどれくらい反省していると思いますか？」

この質問には，「とても反省していると思う」～「ぜんぜん反省していないと思う」の4件法で回答してもらった。

手続き

謝罪（自発，先生，友達）の3条件を被験者間要因とし，各学年計3クラスにそれぞれの条件を振り分けた。調査は，担任教師または調査者による読み上げのもと，クラス毎に集団で実施した。5年生については，担任教師の判断により，必要に応じて読み上げるか，各自のペースで回答してもらった。なお，「反省」など，質問紙に用いられた言葉の意味が理解できない子どもがいた場合，担任教師または調査者が説明を行い，すべての子どもが言葉の意味を理解できていることを確認した。

結　果

分析対象

記入漏れのあった1年生5名（女子1名，男子4名），3年生2名（女子1名，男子1名），5年生男子2名と，加害者の責任についての確認質問で「ぜんぜん悪くない」を選択した1年男子1名の計10名を以下の分析から除外した。

反省の認知質問

反省の認知質問に対する回答について，「とても～」を3点，「すこし～」を2点，「あまり～」を1点，「ぜんぜん～」を0点として得点化し，各参加者の2場面での平均評定値を求めた。学年，条件ごとの平均評定値と標準誤差をFigure4-2に示した。

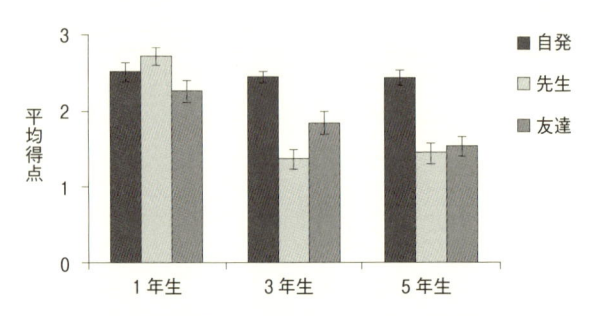

Figure 4-2. 反省の認知質問における学年・条件ごとの平均評定値と標準誤差

学年（3）×謝罪（3）の2要因分散分析の結果，学年の主効果（$F(2, 243) = 26.36, p < .001$），謝罪の主効果（$F(2, 243) = 22.33, p < .001$），および学年×謝罪の交互作用が有意であった（$F(4, 243) = 8.49, p < .001$）。

単純主効果の検定の結果，先生条件および友達条件における学年の単純主効果が有意であった（先生条件：$F(2, 243) = 35.23, p < .001$，友達条件：$F(2, 243) = 7.99, p < .001$）。Ryan法による多重比較の結果，どちらの条件においても，1年生は3，5年生よりも加害者の反省を高く評定していることがわかった。

また，すべての学年における謝罪条件の単純主効果が有意であった（1年生：$F(2, 243) = 3.26, p < .05$，3年生：$F(2, 243) = 17.80, p < .001$，5年生：$F(2, 243) = 18.26, p < .001$）。多重比較の結果，1年生は，友達条件と先生条件の差が有意で，友達条件よりも先生条件の方が，より反省していると評定していた。3年生では，すべての条件間で差が有意で，自発，友達，先生の順に，より反省していると評定していた。5年生では，自発条件と先生条件，自発条件と友達条件の間で差が有意で，先生条件と友達条件よりも，自発条件において，加害者はより反省していると評定していた。

考　察

Figure 4-2の通り，自発条件における反省の認知について学年差はみられず，自発的に謝った加害者に対しては，どの学年の子どもも，よく反省していると認知することがわかった。それに対し，先生条件と友達条件では学年差が

第3節　[研究6]　謝罪を促すことが被害者の謝罪認知に及ぼす影響

みられ，1年生から3年生の間に，他者から促されて謝った加害者は，自発的に謝った加害者よりも反省していないと認知するようになることがわかった。

　学年ごとにみると，1年生は，どの条件においても加害者はある程度深く反省していると回答していた。これは，7歳児は謝罪の言葉を重視するという先行研究（Darby & Shlenker, 1989）の知見と一致する結果であるといえる。つまり，1年生にとって，自発的かどうかではなく，謝ったかどうかが焦点となるのであり，謝罪の言葉があれば反省していると考える。

　ただし，他者から促されて謝った場合の評価は，その加害者に謝罪を促した人物によって異なっていた。すなわち，友達から促されて謝るよりも，先生から促されて謝る方が，より反省していると認知していた。この結果について，以下のような可能性が考えられる。先生が加害者に対して「あやまらないといけないよ」と言う行為は，1年生にとっては，加害者に対する注意であり，一種の罰に相当する。したがって，「先生に注意されたんだからかなり反省している」と考えた可能性がある。それに対し，友達に「あやまらないといけないよ」と言われても，それは注意や罰とは認識されず，それほど加害者に影響はないと考えた可能性がある。これに関し，児童期における権威概念の発達を検討した先行研究では，1, 2年生において，「大人の権威が仲間の権威に比較して高い」ことが示されている（渡辺，1989）。このことから，1年生は，先生を絶対的な権力の持ち主として見なしており，その権力者から促されて謝ることは素直な反応として受け止め，反省していると認知したのではないかと考えられる。

　これに対し，3年生以降になると，他者から促されて謝った加害者は，自発的に謝った加害者に比べると，あまり反省していないと認知されるようになることがわかった。この結果から，遅くとも3年生頃から，自発的でない謝罪を誠実でないと考えるようになることが示唆された。

　ただし，3年生では，先生から促された場合よりも，友達から促された場合に，より反省していると認知する傾向が示された。これは，1年生とは反対に，先生に促された場合には，「先生から注意されても反省しない」と考え，友達に促された場合には，「友達から注意されたんだから反省している」と考えた可能性が考えられる。渡辺（1989）によると，大人の権威に対する発達段階が低学年においては高く，しだいに仲間に対する権威の発達段階が向上することが報

告されており，3年生での仲間間における権威の概念の変化が今回の結果に影響しているのかもしれない。

そして，5年生になると，先生か友達かによる違いがなくなり，一貫して，他者から促されて謝った加害者はあまり反省していないと認知される。このことは，5年生になると，1，3年生のように，権威の影響を受けず，自発的に謝ることに重点をおくようになることを示唆している。

本研究では，加害者が自発的に謝るかどうかが，児童の謝罪認知に及ぼす影響について，その発達差を検討した。その結果，他者から促された謝罪に対する認知は，児童期の1年生から3年生の間に大きく変化し，学年が上がるにつれて，誠実でないと考える児童が多くなることが示唆された。

第4節　第4章のまとめ

本章では，第三者の介入行動に焦点をあて，児童の対人葛藤を本質的に解決するためには，どのような介入がよいのか，その一端を明らかにすることを目的とした。

研究5では，小学校1，3，5年生を対象に，加害者の立場で，教師から謝罪を促される条件と，友達から謝罪を促される条件および，謝罪を促されない統制条件とを比較し，どれくらい悪いことをしたと思うかを評定してもらった。その結果，先生か友達かに関わらず，第三者が謝罪を促すことは，1年生にとって，誠実な謝罪を引き出す効果がある可能性が示唆されたが，3年生ではその効果がなくなり，5年生では逆に罪悪感を抑制してしまう可能性が示唆された。

研究6では，小学校1，3，5年生を対象に，被害者の立場から，教師が謝罪を促す条件と，友達が謝罪を促す条件および，自発的に謝罪する条件と比較し，謝った加害者がどの程度反省していると思うかを評定してもらった。その結果，3年生以降，他者から促されて謝った加害者は罪悪感が低く評定されることがわかった。

以上の結果をまとめると，児童の対人葛藤場面において，加害者に直接謝罪を促すという介入行動は，1年生の間は葛藤の本質的解決につながる可能性があること，しかし，3年生以降，加害者の罪悪感は高まらず，被害者も誠実な謝

罪として受け取らなくなることから,本質的な葛藤解決にはつながらない可能性が示唆された。このことから,3年生以降,第三者が積極的に介入するよりも,あえて口を出さずに見守るということが,本質的な葛藤解決につながるのかもしれない。

　ただし,3年生においては,友達が謝罪を促せば,先生が謝罪を促すよりも,被害者は罪悪感を認知しやすいことから,介入する際には,友達が介入する方が本質的な葛藤解決につながるとも考えられる。

5 総合考察

第1節 研究1～6のまとめ

　本書では，対人葛藤場面における児童の謝罪について，罪悪感との関連を中心に，加害者と被害者という2つの立場から，それぞれの発達的変化を明らかにしようと試みた。以下では，第2章から第5章にかけて述べた6つの実証研究より明らかになったことをまとめる。

　まず，第2章では，加害者の立場から，児童期における謝罪の特徴を探り，どのように発達的に変化するのかを検討した。

　研究1では，誠実な謝罪を獲得してすぐの時期と考えられる小学1，2年生を対象に，日常場面における謝罪のエピソードの収集（調査1），および，仮想場面における謝罪反応の検討を行い（調査2），児童の謝罪に罪悪感が伴っているのかどうかを調べた。その結果，少なくとも7～8歳の時期には，罪悪感を伴う誠実な謝罪の出現頻度が高いことが示唆された。また，罪悪感を伴わない謝罪も少なからず存在したが，そのような道具的謝罪がどのような目的から行われているのかは不明であった。

　そこで，研究2では，小学1，3，5年生を対象に，児童が謝罪する理由の発達差を検討した。その結果，先生に怒られたくないという理由は，学年が上がるにつれて，低くなるのに対し，親密性が高い相手の場合には，相手に嫌われたくないという理由がどの学年においても高かった。また，罪悪感は，1年生から5年生にかけて徐々に低くなっていたことから，児童期において，それほど悪いことをしたと思っていなくても謝るようになることが示唆された。

　以上の結果から，加害者の立場における発達的変化をまとめる。児童期の初めは，幼児期に獲得された誠実な謝罪が多く行われる一方で，先生からの罰を

回避することが謝罪の目的となっている。しかし，3年生頃から，それほど悪いことをしたと思っていなくても謝ることができるようになり，そうした道具的謝罪の目的として，先生から怒られることを回避することよりも，親密な相手から嫌われることを回避することの方が重要になる可能性が明らかになった。

第3章では，被害者の立場において，加害者の謝罪を誠実なものとそうでないものに識別するのかどうかという観点から，児童の謝罪認知の発達的変化を検討した。

研究3では，小学校1，3，5年生を対象に，加害者の表情（罪悪感のある表情かない表情か）と謝罪の言葉（謝罪があるかないか）によって，被害者の怒りがどのように変化するか，および，罪悪感を認知するかについて，その発達差を検討した。その結果，謝罪の言葉がないと怒りが緩和されない1年生と比べて，3，5年生では，加害者が悲しそうな表情であれば謝罪の言葉がなくても罪悪感を認知し，怒りが増加しにくいことが明らかになった。ただし，学年に関わらず，加害者が嬉しそうな表情であっても謝罪の言葉があれば怒りが減少しやすいことから，加害者の謝罪を誠実なものとそうでないものに識別することが可能となる3年生以降においても，「ごめんね」と言われたら「いいよ」と答えるという言葉のやりとりが強く根づいている可能性が示唆された。

さらに，研究4では，確実に表情図に注目するように教示するなど，研究3の問題点を改良することで，謝罪の識別の発達差について詳細に検討した。その結果，学年によって，表情の受け取り方が異なる可能性が高いと考えられた。すなわち，1年生は，謝罪する時の嬉しそうな表情を，罪悪感がないというネガティブな意味ではなく，むしろ親和的な表情としてポジティブに評価するのに対し，3，5年生は，親和性を伝えるものというよりは，むしろ不誠実な態度として認知している可能性が示唆された。

以上の結果から，被害者の立場における発達的変化をまとめる。1年生は加害者の謝罪を誠実なものとそうでないものにあまり識別しないのに対し，3年生頃から，表情を手がかりとして，加害者の謝罪を誠実なものとそうでないものに識別するようになるということが明らかになった。

第4章では，第三者の介入行動が子どもの謝罪に及ぼす影響について明らか

第1節 研究1～6のまとめ

にすることを目的とした。

　研究5では，小学校1，3，5年生を対象に，加害者の立場において，教師から謝罪を促される条件と，友達から謝罪を促される条件，および，謝罪を促されない統制条件とを比較し，どれくらい悪いことをしたと思うかを評定してもらった。その結果，先生か友達かに関わらず，第三者が謝罪を促すことは，1年生にとって，誠実な謝罪を引き出す効果がある可能性が示唆された。他方，3年生ではその効果がなくなり，5年生では逆に罪悪感を抑制してしまう可能性が示唆された。

　研究6では，小学校1，3，5年生を対象に，被害者の立場から，教師が謝罪を促す条件と，友達が謝罪を促す条件，および，自発的に謝罪する条件とを比較し，謝った加害者がどの程度反省していると思うかを評定してもらった。その結果，3年生以降，他者から促されて謝った加害者は罪悪感が低く評定されることがわかった。

　以上の結果をまとめると，児童の対人葛藤場面において，加害者に直接謝罪を促すという介入行動は，1年生の間は葛藤の本質的解決につながる可能性があるのに対し，3年生以降，加害者の罪悪感は高まらず，被害者も誠実な謝罪として受け取らなくなることから，本質的な葛藤解決にはつながらない可能性が示唆された。このことから，3年生以降，第三者が積極的に介入するよりも，あえて口を出さずに見守るということも，ときには必要となるのではないかと考えられる。ただし，3年生では，先生が謝罪を促すよりも，友達が謝罪を促した方が，被害者は加害者の罪悪感を認知しやすいという結果が得られたことから，介入する際には，先生ではなく，友達が介入するという方法の方が本質的な葛藤解決につながりやすいのかもしれない。

　以上，6つの実証研究の主な結果を加害者と被害者別にまとめたものをTable 5-1，5-2 に示した。これらの表をみると，全体として，1年生と3年生の間に大きな発達差がみられ，3年生は，5年生に近い位置づけにあることがわかる。しかし，研究によっては，1年生から5年生にかけて段階的に変化する場合もあることから，3年生は謝罪に関する発達的変化の過渡期であるといえるだろう。

Table 5-1. 各学年における加害者の謝罪の発達的特徴

学年	罪悪感	罰回避	印象悪化回避		介入効果 (罪悪感)
			高親密	低親密	
1年生	高	高	高	高	促進
3年生	―	中	高	低	変化なし
5年生	低	低	高	低	抑制

Table 5-2. 各学年における被害者の謝罪認知の発達的特徴

学年	罪悪感の認知	怒りの変化	介入効果 (罪悪感の認知)
1年生	言葉 ＞ 表情	言葉 ＞ 表情	促進 (先生＞友達)
3年生	表情 ＞ 言葉	表情 ＞ 言葉	抑制 (先生＜友達)
5年生	表情 ＞ 言葉	表情 ＞ 言葉	抑制 (先生＝友達)

第2節　児童期における謝罪の認知プロセス

　以上の一連の研究を踏まえ，児童期における謝罪の認知プロセスの発達差を図示したものがFigure 5-1である。矢印は，謝罪の認知プロセスの流れを示し，実線は促進効果，点線は抑制効果を示している。また，線の太さは，影響の強さを示しており，太い線は細い線よりも影響が強いことを意味する。

　Figure 5-1のAは，1年生における加害者と被害者の謝罪の認知プロセスを表した図である。まず，1年生の謝罪は，罪悪感の認識によって強く促進される（研究1）。それと同時に，罰回避と印象悪化回避という動機づけも存在し，謝罪を促進する（研究2）。ただし，それらの動機づけは，加害者と被害者の親密性の影響をあまり受けない（研究2）。そして，加害者が謝罪を表出すると，被害者は加害者の表情よりも言葉に強い影響を受け，「ごめん」という言葉から加害者の罪悪感を認知し，被害者の怒りは緩和される（研究3，4）。また，先生や友達が加害者に謝罪を促すという介入は，加害者の罪悪感の認識を促進し（研究5），被害者による加害者の罪悪感の認知を促進する効果を持つ（研究6）。

　Figure 5-1のBは，3，5年生における加害者と被害者の謝罪の認知プロセスを表した図である。3，5年生では，罪悪感や罰回避の動機づけに対し，印

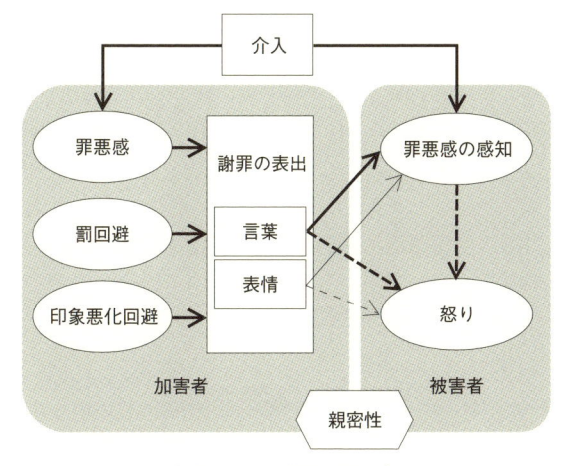

第2節　児童期における謝罪の認知プロセス　　81

A．1年生における謝罪の認知プロセス

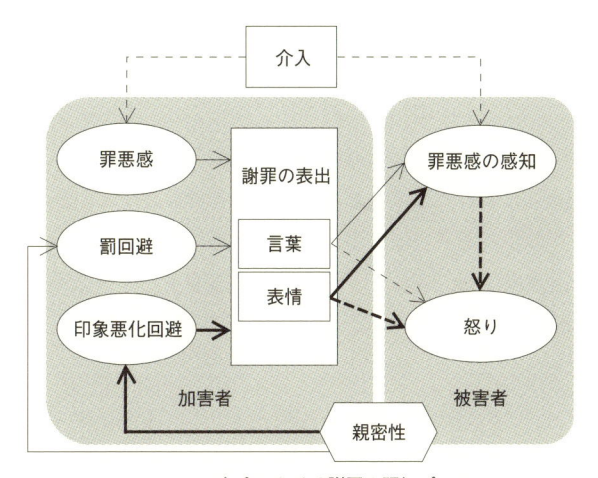

B．3，5年生における謝罪の認知プロセス

Figure 5-1.　児童期における謝罪の認知プロセスの発達的変化

※　実線＝促進効果，点線＝抑制効果，線の太さ＝影響の強さ（太線＞細線），楕円＝内的要因，長方形＝外的要因，六角形＝その他の要因

象悪化回避の動機づけが謝罪をより強く促進する（研究2）。また，加害者と被害者の親密性が罰回避や印象悪化回避の動機づけに影響するが，特に，印象悪化回避への影響が大きい（研究2）。そして，加害者が謝罪を表出すると，被害

者は加害者の言葉よりも表情に強い影響を受け，悲しそうな表情から加害者の罪悪感を認知し，被害者の怒りは緩和される（研究3，4）。また，先生や友達が加害者の謝罪を促すという介入は，加害者の罪悪感の認識をむしろ抑制し（研究5），被害者による加害者の罪悪感の認知を抑制する（研究6）。ただし，介入による抑制効果は，1年生における促進効果ほど大きくはない。

ちなみに，加害者と被害者の親密性が被害者の謝罪認知に及ぼす影響も当然あると考えられるものの，本書では検討していないため図には含めていない。この点については今後の検討課題である。

第3節 本書の意義

本書における一連の研究から得られた知見は，大きく3つの意義があると考える。

第一に，謝罪に関する発達研究への貢献である。これまでの子どもの謝罪に関する先行研究では，いつ頃誠実な謝罪ができるようになるのか，誠実な謝罪ができるようになるために必要な認知的な能力は何かなどについて検討されてきた。それに対し，本書では，児童期の子どもを対象とすることで，誠実な謝罪ができるようになった子どもの謝罪がどのように発達するのかを，謝罪の道具的な使用という側面にも着目して検討した。研究1，2の結果から，1年生から5年生の間に，それほど悪いことをしたと思っていなくても謝るようになること，すなわち，道具的に謝罪するという側面の発達的変化が明らかになった。このように，横断的にではあるが，誠実な謝罪をすでに獲得した児童期以降の謝罪の発達的変化を実証的に示したところに意義があるといえる。

さらに，研究2の結果から，罪悪感が伴う謝罪であっても，先生からの罰回避や，友達からの印象悪化回避という目的が同時に存在しうることが示された点も重要であると考える。つまり，この結果は，罪悪感が伴うのかどうかで区別する誠実な謝罪と道具的謝罪という二分法では，子どもの謝罪を検討する上で不十分であることを示唆している。また，研究1の調査2では，悪いことをしたと思っていながらも素直に謝れないと考えられる反応がみられ，「謝りたくても謝れない」といった場面もあることが明らかになった。このことは，罪

悪感があれば必ずしも誠実な謝罪が生じるわけではないということを示している。以上のことから，今後謝罪の発達過程をさらに詳しく明らかにしていくためには，罪悪感の有無のみではなく，本書で扱った罰回避，印象悪化回避などの動機づけを含め，謝罪の表出プロセスをより多角的に検討していく必要がある。

　第二の意義として，他者感情理解の発達研究への貢献があげられる。第3章で述べた研究3，4は，児童が加害者の謝罪の言葉と表情という2つの手がかりから，罪悪感を認知する発達的変化を明らかにした。コミュニケーションにおいて，言葉と表情がそれぞれ重要な役割を果たしているということについては議論の余地がなく，これまでに多くの研究がなされてきているが，それぞれは別々にその役割が検討されてきた。これに対し，本書の研究3，4では，謝罪という限られた場面ではあるが，言葉と表情の2つを同時に検討し，その相互作用を明らかにした点に意義があるといえる。特に，他者感情理解の発達に関するこれまでの発達研究では，他者の感情を推測する手がかりとして，表情と状況という手がかりに焦点があてられ，児童期においてそれら2つの手がかりを統合できるようになることが示されていた（Gnepp, 1983；久保，1982；笹屋，1997）。これに対し，本書の研究3，4では，表情と言葉という新しい観点から，子どもがこれら2つの情報を統合できるようになるのが3年生頃からであることを明らかにした。今後，本書で明らかになった発達的変化が，謝罪以外の言語コミュニケーション場面においても同様にみられるのかについて検討していくことで，人間のコミュニケーションにおける表情と言葉の役割をさらに明らかにしていくことにもつながるであろう。

　第三に，子ども同士の対人葛藤場面における介入方法への示唆である。第4章で述べた研究5では，加害者に直接謝罪を促すという介入方法は，その効果が1年生から3年生にかけて変化し，5年生では罪悪感を抑制してしまうことが示された。また，研究6では，他者から促されて謝った加害者の謝罪について，3年生頃から「誠実でない」と認知するようになることが示された。これらの結果から，加害者に直接謝罪を促すという介入方法によって，本質的な対人葛藤解決ができるのは1年生頃までであり，それ以降，発達段階に応じた介入方法を考える必要性が示されたといえる。謝罪の理解に関する発達につい

て，第1章で述べたように，幼児は「何か悪いことをしたら謝らなければならない」という社会的ルールは理解しているが，違反行為などの望ましくない出来事に対する責任を認め，後悔を表明するといった謝罪の本来の機能を理解し，対人葛藤場面における誠実な謝罪を重視するようになるのは8～9歳頃であることが示唆されている。このような謝罪の本来の機能は，直接教えられるものというよりも，子どもが日常的に自然と学ぶことが期待されるものであるといえる。そして，それをどのように学ぶのかといえば，実際に対人葛藤を経験する，あるいは第三者として対人葛藤場面を目撃するといった機会を通してであると考えられる。しかしながら，実際の対人葛藤場面では，ひとまず表面上の葛藤解決を優先され，形式的にでも謝罪の言葉が加害者から表出されるとそこで介入が終了することが少なくない (Browning et al., 2000；Chen et al., 2001；Silver & Harkins, 2007)。もし，そのような表面的な葛藤解決を繰り返し経験した場合，罪悪感を伴う誠実な謝罪ではなく，道具的謝罪の学習が促進される可能性が高い。そこで，謝罪の認知プロセスに焦点をあて，その発達的変化を検討することは，子ども自身の謝罪に対する認識についての理解を深め，どのような介入を行えば本質的な葛藤解決につながるのかを検討するための重要な足がかりになるだろう。

第4節　今後の課題と展望

　本書は，対人葛藤場面における謝罪の認知プロセスについて，加害者と被害者という2つの立場から，児童期における発達的変化を明らかにした。以下では，本書で検討できなかった点，および，今後の展望について述べる。

　第一に，日常場面における謝罪についての検討不足という問題がある。本書で述べた各研究では，主に仮想の対人葛藤場面を用いて，児童の謝罪に関する認知プロセスを検討した。唯一，研究1の調査1においては個別のインタビューを行い，児童の日常場面における謝罪のエピソードを収集したものの，対象は小学1，2年生と限られており，インタビューの対象者数も少ないという問題点や，社会的望ましさが強く影響している可能性があった。仮想場面で得られた結果が，そのまま児童の実際の行動を反映しているとは必ずしもいえ

第 4 節　今後の課題と展望　85

ないため，対象者数を増やしたり，教示を工夫したりするなどして個別インタビューを行い，児童の日常場面における謝罪と仮想場面での反応を比較していくことが必要である。また，児童期だけでなく，幼児期から成人期までの幅広い範囲を対象にエピソードを収集したり，縦断的な観察研究を行ったりすることを通して，謝罪の発達的変化をより詳細に明らかにすることも，今後検討すべき重要な課題である。

　さらに，日常場面であれ，実験場面であれ，実際に子どもが謝罪する様子を観察することで，加害者が謝罪する際の表情についても検討していく必要がある。研究 3，4 では，表情図を用いて表情の影響を検討したが，現実の場面においてもその影響が同じようにみられるのかは明らかではない。そもそも，罪悪感の表出として悲しみの表情が表出されるのかという問題や，罪悪感がないからといって嬉しそうな顔で謝るということが現実場面でどれほどあるのかという点については疑問の余地が残る。そこで，実際に子どもが謝るときの表情について調べることで，より有益な知見が得られるであろう。

　第二に，加害者が謝罪を表出する方略に関する問題である。研究 3 では，加害者が悲しそうな表情で謝った場合に，最も怒りが減少した。このことから，「謝るときには，悲しそうな顔をすべきだ」という表示規則の存在が推測される。表示規則とは，どのような場面でどのように情動を表出すべきかといった情動表出に関するルールのことである（Ekman & Friesen, 1969）。私たちは，他者との関わりにおいて，必ずしも自分の気持ちを相手にそのまま表すわけではない。例えば，期待はずれのプレゼントをもらったときに，がっかりした気持ちを隠し，笑顔で「ありがとう」と言うことがある。このように，対人場面において経験した気持ちを，そのまま表さず，強めたり，弱めたり，他の感情に置き換えたりして，本来とは異なる形で表すことを情動表出の調整という（Saarni, 1979）。情動表出の調整は，他者との関係を維持したり，発展させたりするために重要であり，子どもの社会的適応を考える上で考慮すべき問題であることから，情動表出の調整に関する発達研究がこれまで盛んに行われてきた（Zeman, Cassano, Perry-Parrish, & Stegall, 2006）。先行研究から，子どもは表示規則を幼児期から徐々に学習し，小学 5 年生頃までに理解が高まることや，児童期においてより柔軟に情動表出が調整できるようになることなどが明らか

になっている（子安・田村・溝川，2007）。例えば，怒りや悲しみが喚起された場面で，表出を抑制する際に，真顔で平静を装う方略（中立化）や笑顔で喜びを表出する方略（代用）などがある。Tamura（2009）によると，怒りの表出調整として，1年生は悲しみを表出するのに対し，5年生では喜びを表出する割合が他の学年に比べて高く，5年生頃までに適切な代用の方略が行えるようになることが示されている。

　このような情動表出の調整という観点から加害者の謝罪を考えると，悪いと思っていない場合に，わざと悲しくみえるような表情で謝ったり，あるいはニュートラルな表情で謝ったりすることができるようになることは，児童期に発達するのではないかと予想される。今後の課題として，謝罪の表出方略について，さまざまな情動表出の調整に関する知見と統合していくことが必要であろう。

　第三に，被害者が謝罪の識別を行った後の認知プロセスに関する問題である。本書では，加害者の罪悪感を認知すると，被害者の怒りが減少する傾向が示され，加害者の謝罪は被害者の抱く攻撃的感情を緩和する（Ohbuchi et al., 1989）という大人と同様の反応過程が児童期においても存在することが明らかになった。しかしながら，本質的な対人葛藤の解決には，その後の対人関係を続けていくかどうかといった長期的な反応を考慮する必要がある。

　人々が，自ら受けた侵害や被害に対応する際の方略の代表的なものには，相手を遠ざけたいと強く思う「回避（avoidance）」と，罰が当たればいいと強く思う「応報期待（revenge）」がある（McCullough, 2001）。McCullough（2001）によると，これらの対応は正常で一般的であるが，常に用いられ続けると，被害者自身にとっても，その対人関係にとっても，さらには社会に対しても，否定的な結果をもたらすことがあるという。そこで，加害者の違反に対する被害者の生産的な反応として，多くの宗教は許容（forgiveness）の概念を提唱してきたが（McCullough & Worthington, 1999），近年，心理学の分野でも許容に関する研究が盛んに行われるようになった（Exline, Worthington, Hill, & McCullough, 2003；McCullough, 2001）。許容は，対人葛藤によって中断された関係性の修復を約束することを示す，ひとつのプロセスであり（Eaton & Struthers, 2006），顕在的な行動というよりは，被害者を傷つけようといった動

機づけが低くなり，むしろ被害者にとってよりよい結果をもたらすように行動しようとするといった動機づけの向社会的な変化として捉えることができる（McCullough, 2001 ; McCullough et al., 1998）。

　許容に謝罪がどのように関わるのかということに関して，McCullough et al. (1998) は，謝罪から許容に至るプロセスを詳しく検討し，加害者の謝罪が被害者の共感を促進し，被害者の共感が「応報期待」と「回避」を抑制することで，許容に至るというプロセスをたどることを示した。さらに，Eaton & Struthers (2006) は，被害者が加害者の謝罪から後悔を感じとることで許容が促進され，心理的攻撃反応を緩和するというプロセスを明らかにした。この他にも，被害者が加害者の違反を意図的なものであると判断すると，許容には至らないということなど（Struther, Eaton, Santelli, Uchiyama, & Shirvani, 2008），被害者は謝罪を受けたからといって，必ずしも加害者を許容するわけではないことが明らかになっている。しかし，子どもを対象とした許容のプロセスに関する研究は不足しており（早川，2008；中川，2003b），今後さらなる研究を積み重ねていくことが必要である。

　子どもを対象とした許容に関する数少ない研究の中のひとつに，年長児の謝罪－許容スクリプトの構成内容を検討した中川（2003b）の研究がある。「謝罪－許容スクリプト」とは，「ごめんね」という謝罪から「いいよ」という許容への自動化された一連の流れのことである（Darby & Schlenker, 1989）。このスクリプトは，幼い頃から何か悪いことをしたら謝り，謝られたら受け入れることを教えられる中で，「ごめんね」という謝罪から「いいよ」という許容への一連の流れが自動化された結果，形成されるものであると考えられる（Darby & Schlenker, 1989）。中川（2003b）によると，6歳児の許容スクリプトには，加害者への共感性が含まれ，謝罪を受けた被害者は，「許してあげないと加害者がかわいそう」という加害者への共感を喚起させた上で，加害者を許容しているとした。そして，このスクリプトは，成人を対象とした研究で示されている許容のプロセス（McCullough et al., 1998）と一致するものであるとしている。

　ただし，親しい他者に対しては，その違反が意図的なものであるかどうかなどを判断するような熟考的プロセスを経ずに，より自動的に許す傾向があるということも指摘されている。Karremans & Aarts (2007) によれば，被害者が

加害者を許さなければならないと感じるのは自動的な反応であり，事後的にその相手の行為に関する解釈（e.g. 彼にはそんなに責任はない）が行われている可能性が考えられる。しかし，彼らは，これまでの研究の多くが，意図的な判断と許容の関連について検討しており，今後，自動的なレベルの許容反応と熟考的なプロセスとを区別して考える必要があると指摘している。特に，自動的なレベルの反応は，子どもの対人葛藤場面において，大人が加害者に謝罪を促し，被害者はそれを受け入れるように介入される経験を繰り返すことによって強化される可能性が大きいと推測される。大人の介入によって表面上その葛藤が終結したとしても，その後の対人関係が良好に保たれるとは限らないため，大人が介入する際には，被害者の熟考的なプロセスを促すことも必要である。このような観点から，子どもの対人葛藤場面における効果的な介入方法を検討していくことも意義のあることと考える。

　このように，今後明らかにすべき点は少なくないが，上記の課題を検討していくことは，謝罪の認知プロセスの解明だけではなく，子どもがよりよい対人関係を維持していくために，対人葛藤場面を効果的に解決するような介入を行っていく上で重要な知見をもたらすであろう。対人葛藤場面では，ネガティブな感情を経験するものの，その中で，他者理解や自己統制，社会的ルールの獲得，目標達成のための方略の発達などが果たされると考えられる（荻野，1997）。しかしながら，従来の研究において，葛藤場面を，子どもが対人葛藤を効率的に処理するのに必要な態度やスキルを獲得する場とする視点が欠如しており，そのための援助方法についても十分検討されていないことが指摘されている（黒川・古川，2000）。今後，こうした視点から，子どもの対人葛藤場面における謝罪について，さらなる研究を積み重ねていくことが望まれる。

文　　献

Berkowitz, M. W., & Grych, J. H. (1998). Fostering goodness: Teaching parents to facilitate children's moral development. *Journal of Moral Education*, 27, 371-391.

Browning, L., Davis, B., & Resta, V. (2000). What do you mean "Think before I act"? : Conflict resolution with choices. *Journal of Research in Childhood Education*, 14, 232-238.

Chen, D. W., Fein, G. G., Killen, M., & Tam, H. P. (2001). Peer conflicts of preschool children: Issues, resolution, incidence and age-related patterns. *Early Education and Development*, 12, 523-544.

Darby, B. W., & Schlenker, B. R. (1982). Children's reactions to apologes. *Journal of Personality and Social Psychology*, 43, 742-753.

Darby, B. W., & Schlenker, B. R. (1989). Children's reactions to transgressions: Effects of the actor's apology, reputation and remorse. *British Journal of Social Psychology*, 28, 353-364.

土井聖陽・高木　修 (1993). 社会的苦境における謝罪の評価と加害者・被害者の感情　社会心理学研究, 9, 73-89.

Doyle, A., Connolly, J., & Rivest, L. (1980). The effect of playmate familiarity on the social interactions of young children. *Child Development*, 51, 217-223.

Eaton, J., & Struthers, C. W. (2006). The reduction of psychological aggression across varied interpersonal contexts through repentance and forgiveness. *Aggressive Behavior*, 32, 195-206.

Eisenberg, N. (2000). Emotion, regulation, and moral development. *Annual Review of Psychology*, 51, 665-697.

Ekman, P., & Friesen, W. V. (1969). The repertoire of nonverbal behavior: Categories, origins, usage, and coding. *Semiotica*, 1, 49-98.

Ely, R., & Gleason, J. B. (2006). I'm sorry I said that: Apologies in young children's discourse. *Journal of Child Language*, 33, 599-620.

Exline, J. J., Worthington, E. L., Jr., Hill, P., & McCullough, M. E. (2003). Forgiveness and justice: A research agenda for social and personality psychology. *Personality and Social Psychology Review*, 7, 337-348.

Fukuno, M., & Ohbuchi, K. (1998). How effective are different accounts of harm-doing in softening victims' reactions?: A scenario investigation of the effects of severity, relationship, and culture. *Asian Journal of Social Psychology*, 1, 167-178.

Gnepp, J. (1983). Children's social sensitivity: Inferring emotions from conflicting cues. *Developmental Psychology*, 19, 805-814.

Gnepp, J., & Hess, D. L. R. (1986). Children's understanding of verbal and facial display rules. *Developmental Psychology*, 22, 103-108.

塙　朋子（1999）．関係性に応じた情動表出—児童期における発達的変化—　教育心理学研究, 47, 273-282.

Hareli, S., & Eisikovits, Z. (2006). The role of communicating social emotions accompanying apologies in forgiveness. *Motivation and Emotion*, 30, 189-197.

秦　一士（1993）．PFスタディの理論と実際　北大路書房

早川貴子（2008）．対人葛藤場面における謝罪行動と許しに関する発達的研究　発達研究　22, 163-171.

早川貴子（2009）．対人葛藤場面における児童期から思春期までの謝罪行動と許しに関する発達的研究—相手との親密性との関連から—　発達研究, 23, 131-142.

早川貴子・荻野美佐子（2008）．加害者による謝罪の言葉と情動表出行動が被害者の許しに与える影響　上智大学心理学年報, 32, 67-75.

林　勝造（1987）．P-Fスタディ解説基本手引　三京房

久崎孝浩（2003）．恥および罪悪感の発達メカニズムに関する理論的検討　心理学評論, 46, 163-183.

本郷一夫・杉山弘子・玉井真理子（1991）．子ども間のトラブルに対する保母の

働きかけの効果—保育所における1〜2歳児の物をめぐるトラブルについて— 発達心理学研究, 1, 107-115.

Irwin, D. M., & Moore, S. G. (1971). The young child's understanding of social justice. *Developmental Psychology*, 5, 406-410.

石川隆行・内山伊知郎（1997）．児童が罪悪感を喚起される事象についての検討 同志社心理, 44, 1-5.

Itoi, R., Ohbuchi, K., & Fukuno, M. (1996). A cross-cultural study of preference of accounts: Relationship closeness, harm severity, and motives of account making. *Journal of Applied Social Psychology*, 26, 913-934.

Karremans, J. C., & Aarts, H. (2007). The role of automaticity in determining the inclination to forgive close others. *Journal of Experimental Social Psychology*, 43, 902-917.

子安増生・田村綾菜・溝川 藍（2007）．感情の成長：情動調整と表示規則の発達 藤田和生（編） 感情科学 京都大学学術出版会 pp.143-171.

久保ゆかり（1982）．幼児における矛盾する出来事のエピソードの構成による理解 教育心理学研究, 30, 239-243.

黒川光流・古川久敬（2000）．学級集団における対人葛藤に関する研究の概括と展望 九州大学心理学研究, 1, 51-66.

Ladd, G. W., & Mize, J. (1983). A cognitive-social learning model of social-skill training. *Psychological Review*, 90, 127-157.

Lewis, M. (1992). *Shame: The exposed self.* New York: Free Press.（高橋惠子（監訳）（1997）．恥の心理学 ミネルヴァ書房）

松永あけみ（1993）．子ども（幼児）の世界の謝罪 日本語学, 12, 84-93.

McCullough, M. E. (2001). Forgiveness: Who does it and how do they do it? *Current Directions in Psychological Science*, 10, 194-197.

McCullough, M. E., Rachal, K. C., Sandage, S. J., Worthington, E. L., Jr., Brown, S. W., & Hight, T. L. (1998). Interpersonal forgiving in close relationship: II. Theoretical elaboration and measurement. *Journal of Personality and Social Psychology*, 75, 1586-1603.

McCullough, M. E., & Worthington, E. L., Jr. (1999). Religion and the forgiving personality. *Journal of Personality*, **67**, 1141-1164.

Mehrabian, A. (1986). Communication without words. *Psychology Today*, **2**, 53-55.

中川美和 (2003a). 支配関係の異なる相手に示す幼児の介入行動 広島大学大学院教育学研究科紀要第三部, **51**, 365-373.

中川美和 (2003b). 対人葛藤場面における年長児の謝罪－許容スクリプト 広島大学大学院教育学研究科紀要第三部, **52**, 345-353.

中川美和 (2004). 4, 6歳児の対人葛藤に対する保育者と幼児の介入行動―誠実な謝罪につながる介入行動― 広島大学大学院教育学研究科紀要第三部, **53**, 325-332.

中川美和・山崎 晃 (2003). 対人葛藤場面における幼児の介入行動の変化―問題解決方略との関連― 幼年教育研究年報, **25**, 27-34.

中川美和・山崎 晃 (2004). 対人葛藤場面における幼児の謝罪行動と親密性の関連 教育心理学研究, **52**, 159-169.

中川美和・山崎 晃 (2005). 幼児の誠実な謝罪に他者感情推測が及ぼす影響 発達心理学研究, **16**, 165-174.

Nelson, S. A. (1980). Factors influencing young children's use of motives and outcomes as moral criteria. *Child Development*, **51**, 823-829.

荻野美佐子 (1997). コミュニケーションの発達 井上健治・久保ゆかり (編) 子どもの社会的発達 東京大学出版会 pp.185-204.

Ohbuchi, K., Kameda, M., & Agarie, N. (1989) Apology as aggression control: Its role in mediating appraisal of and response to harm. *Journal of Personality and Social Psychology*, **56**, 219-227.

Ohbuchi, K., & Sato, K. (1994). Children's reactions to mitigating accounts: Apologies, excuses, and intentionality of harm. *Journal of Social Psychology*, **134**, 5-17.

Parker, J. G., & Gottman, J. M. (1989). Social and emotional development in a relational context: Friendship interaction from early childhood to adolescence. In T. J. Berndt & G. W. Ladd (Eds.), *Peer relationships in child development*. New York: Wiley. pp. 95-131.

Piaget, J. (1932). *The moral judgment of the child.* New York: Free Press. (大伴　茂（訳）(1957). 児童道徳判断の発達　同文書院)

Risen, J. L., & Gilovich, T. (2007). Target and observer differences in the acceptance of questionable apologies. *Journal of Personality and Social Psychology*, **92**, 418-433.

Rosenzeig, S. (1945). The picture association method and its application in a study of reaction to frustration. *Journal of Personality*, **14**, 3-23.

Saarni, C. (1979). Children's understanding of display rules for expressive behavior. *Developmental Psychology*, **15**, 424-429.

Saarni, C. (1984). An observational study of children's attempts to monitor their expressive behavior. *Child Development*, **55**, 1504-1513.

Saarni, C. (1999). *The development of emotional competence.* New York: Guilford Press. (佐藤　香（監訳）(2005). 感情コンピテンスの発達　ナカニシヤ出版)

齊藤　勇・荻野七重 (2004). 自己呈示としての謝罪言葉の実証的アプローチ　立正大学心理学部研究紀要，**2**，17-33.

櫻庭京子・今泉　敏 (2001). 2～4歳児における情動語の理解力と表情認知能力の発達的比較　発達心理学研究，**12**，36-45.

笹屋里絵 (1997). 表情および状況手掛かりからの他者感情推測　教育心理学研究，**45**，70-77.

Schlenker, B. R., & Darby, B. W. (1981). The use of apologies in social predicament. *Social Psychology Quarterly*, **44**, 271-278.

Schönbach, P. (1980). A category system for account phases. *European Journal of Social Psychology*, **10**, 195-200.

Shantz, C. U. (1987). Conflicts between children. *Child Development*, **58**, 283-305.

芝崎美和 (2008). 親密性が幼児の謝罪効果の認識に与える影響　幼年教育研究年報，**30**，41-48.

芝崎美和・山崎　晃 (2008). 違反に対する責任の高低が児童の謝罪に及ぼす影響　日本教育心理学会第50回総会発表論文集，306.

芝崎美和・山崎　晃（2009）．違反に対する児童の認識―負うべき責任の高さによる認識の違い―　日本発達心理学会第20回大会発表論文集，282．

Silver, C., & Harkins, D. (2007). Labeling, affect, and teachers' hypothetical approaches to conflict resolution: An exploratory study. *Early Childhood Education and Development*, 18, 625-645.

Struthers, C. W., Eaton, J., Santelli, A. G., Uchiyama, M. & Shirvani, N. (2008). The effects of attributions of intent and apology on forgiveness: When saying sorry may not help the story. *Journal of Experimental Social Psychology*, 44, 983-992.

高井弘弥（2004）．道徳的違反と慣習的違反における罪悪感と恥の理解の分化過程　発達心理学研究，15，2-12．

Tamura, A. (2009). Developmental changes of strategies to regulate emotional expression in childhood. *Psychologia*, 52, 245-252.

Tavuchis, N. (1991). *Mea culpa: A sociology of apology and reconcilication*. Stanford, CA: Stanford University Press.

渡辺弥生（1989）．児童期のおける公正観の発達と権威概念の発達との関係について　教育心理学研究，37，163-171．

Wellman, H. M., Larkey, C., & Somerville, S. C. (1979). The early development of moral criteria. *Child Development*, 50, 863-873.

Whitesell, N. R., & Harter, S. (1996). The interpersonal context of emotion: Anger with close friends and classmates. *Child Development*, 67, 1345-1359.

山本愛子（1995）．幼児の自己調整能力に関する発達的研究―幼児の対人葛藤場面における自己主張解決方略について―　教育心理学研究，43，42-51．

Zeman, J., Cassano, M., Perry-Parrish, C., & Stegall, S. (2006). Emotion regulation in children and adolescents. *Journal of Developmental and Behavioral Pediatrics*, 27, 155-168.

初出一覧

　本書は，以下の通りに公刊されているものと，未発表のもので構成されている。ただし，公刊されたものには，大幅に加筆，修正を行っている。

第1章　対人葛藤場面における謝罪
田村綾菜（2009）．謝罪に対する被害者の反応とその発達的変化―文献展望―　京都大学大学院教育学研究科紀要，55, 103-115.

第2章　加害者の謝罪の発達的変化
田村綾菜（2009）．児童の日常場面における謝罪―小学校低学年を対象としたインタビュー調査から―　発達研究，23, 247-249.

田村綾菜（2009）．対人葛藤場面における児童の自発的な謝罪　日本発達心理学会第20回大会論文集，145.

田村綾菜（2010）．児童の謝罪に及ぼす親密性の影響　発達研究，24, 95-104.

第3章　被害者の謝罪認知の発達的変化
田村綾菜（2008）．加害者の表情が児童の謝罪の認識に及ぼす効果―3種類の表情図を用いて―　京都大学大学院教育学研究科紀要，54, 305-317.

田村綾菜（2009）．児童の謝罪認知に及ぼす加害者の言葉と表情の影響　教育心理学研究，57, 13-23.

第4章　対人葛藤場面において謝罪を促す効果
田村綾菜（印刷中）．対人葛藤場面において児童に謝罪を促す効果　学苑

第5章　総合考察
田村綾菜（2009）．謝罪に対する被害者の反応とその発達的変化―文献展望―　京都大学大学院教育学研究科紀要，55, 103-115.

Tamura, A. (2009). Developmental changes of strategies to regulate emotional expression in childhood. *Psychologia*, 52, 245-252.

あとがき

　本書は，筆者が京都大学教育学部および同大学大学院教育学研究科在学中（2004年～2010年）に実施した研究をまとめ，2010年度に京都大学に提出した博士学位論文に若干の修正を加えたものです。本書の刊行に際して，平成24年度科学研究費補助金（研究成果公開促進費）の助成を受けました。

　本書がこのような形としてまとまるまでに，たいへん多くの方々からご支援をいただきました。記して感謝申し上げたいと思います。

　指導教官である京都大学大学院教育学研究科教授の子安増生先生には，学部4回生から博士課程を修了するまでの7年間，研究の内容や進め方から，研究発表，論文執筆に至るまで，非常に多くのご指導とご助言を賜りました。また，研究に行き詰る度に，先生からの温かい励ましのお言葉に救われ，ここまで研究生活を続けることができました。心より御礼申し上げます。

　同研究科教授の吉川左紀子先生，楠見孝先生，准教授の齊藤智先生からは，授業などを通して，本書に関わる数多くの貴重な指針を頂戴しました。研究の在り方や論理的な考え方など，今後研究を進めていく上で重要な事柄を学ばせていただきました。厚く御礼申し上げます。

　研究室の先輩である東洋大学文学部准教授の金田茂裕先生，広島修道大学人文学部准教授の鈴木亜由美先生，九州国際大学法学部准教授の安藤花恵先生には，博士論文の執筆にあたり，非常に有益なご助言と大変丁寧なコメントを賜りました。お忙しい中，当論文のために貴重なお時間をいただいたことに，深く感謝申し上げます。

　京都大学大学院教育学研究科教育認知心理学講座の皆様には，研究に関することに限らず，日頃からさまざまな面でご支援頂きました。また，同期である石橋遼氏，木村洋太氏，常深浩平氏，中嶋智史氏の存在は，研究を進めていく上で，大きな励みとなりました。心から感謝しています。

　京都大学霊長類研究所教授の正高信男先生には，発達障害児を対象とした学

習支援の研究プロジェクトを通して，新しい研究領域へとつながる，貴重な経験を積む機会を与えていただくとともに，さまざまな面で研究生活をご支援いただきました。プロジェクトに関わる正高研究室の院生の皆様にも，研究に関する議論などを通して，多くの刺激を受けました。深く感謝いたします。

　研究の実施にあたり，非常に多くの小学校，学童保育所の先生方，児童の皆様にご協力をいただきました。京都市立西陣中央小学校，錦林学童保育所では，調査だけではなく，継続して子どもと関わる貴重な機会もいただきました。多くの子どもたちとの出会いを通して，発達に関わっていくことのおもしろさと難しさを学びました。心より感謝申し上げます。

　本書の出版に際しては，ナカニシヤ出版の山本あかねさんに大変お世話になりました。深謝いたしております。

　最後になりましたが，長い学生生活の日々を支え，応援し続けてくれた母と姉に心から感謝します。

田村綾菜

人名索引

A
Aarts, H.　87
Agarie, N.　1

B
Berkowitz, M. W.　3,63
Brown, S. W.　2
Browning, L.　64,84

C
Cassano, M.　85
Chen, D. W.　64,84
Connolly, J.　14

D
Darby, B. W.　4, 8, 9, 33-37, 51, 59, 70, 87
土井聖陽　9,10,33,63
Doyle, A.　14

E
Eaton, J.　63,86,87
Eisikovits, Z.　9,10,33
Ekman, P.　50,85
Ely, R.　1,5
Exline, J. J.　86

F
Fein, G. G.　64
Friesen, W. V.　50,85
Fukuno, M.　1,15,33
古川久敬　88

G
Gilovich, T.　65,70
Gleason, J. B.　1,5
Gnepp, J.　34,50,59,83
Gottman, J. M.　14,29
Grych, J. H.　3,63

H
塙　朋子　60
Hareli, S.　9,10,33
Harkins, D.　64,84
早川貴子　10,33,87
Hess, D. L. R.　50
Hight, T. L.　2
Hill, P.　86
本郷一夫　64

I
今泉　敏　50
Irwin, D. M.　8
Itoi, R.　1,3,4

K
Kameda, M.　1
Karremans, J. C.　87
Killen, M.　64
久保ゆかり　34,59,83
黒川光流　88

L
Ladd, G. W.　3,63
Larkey, C.　8

M
松永あけみ　1, 5
McCullough, M. E.　2, 36, 63, 86, 87
Mehrabin, A.　33
Mize, J.　3, 63
溝川　藍　86
Moore, S. G.　8

N
中川美和　2, 3, 5, 6, 9, 13, 14, 23, 28, 35, 48, 63-65, 87
Nelson, S. A.　7
子安増生　86

O
荻野美佐子　10, 33, 88
荻野七重　6, 13, 17, 18
Ohbuchi, K.　1, 8, 9, 15, 33-35, 41, 60, 86

P
Parker, J. G.　14, 29
Perry-Parrish, C.　85
Piaget, J.　7, 14, 28

R
Rachal, K. C.　2
Risen, J. L.　65, 70
Rivest, L.　14
Rosenzeig, S.　17

S
Saarni, C.　85
齊藤　勇　6, 13, 17, 18
櫻庭京子　50
Sandage, S. J.　2
Santelli, A. G.　87

笹屋理絵　34, 59, 83
Sato, K　8, 9, 34
Schlenker, B. R.　4, 8, 9, 33-37, 51, 59, 70, 87
Shönbach, P.　3
Shantz, C. U.　64
Shirvani, N.　87
芝崎美和　5, 23, 27, 29
Silver, C.　64, 84
Somerville, S. C.　8
Stegall, S.　85
Struthers, C. W.　33, 63, 86, 87
杉山弘子　64

T
高木　修　9, 10, 33, 63
Tam, H. P.　64
玉井真理子　64
田村綾菜　86
Tamura, A.　86
Tavuchis, N.　5, 13

U
Uchiyama, M.　87

W
渡辺弥生　73, 74
Wellman, H. M.　8
Worthington, E. L., Jr.　2, 86

Y
山崎　晃　2, 5, 6, 9, 13, 14, 23, 27-29, 35, 48, 63-65

Z
Zeman, J.　85

事項索引

あ
哀れみ（pity）　9
怒り　35
　——を喚起する仮想場面　38,53
違反事実の確認　64
因果関係の認識　3,4
印象悪化回避　14,23,26
印象操作　6,13
応報期待（revenge）　86

か
介入　1,5
　——行動　64,74
　——の効果　11
回避（avoidance）　86
加害行為の意図　16
　——性　18
加勢　64,65
仮想場面　17,23,67,70
　——の理解　28
葛藤解決　7
葛藤経験　64
緩和的弁明（mitigating accounts）　8
気持ちの確認　64,65
共感　2
許容（forgiveness）　7,86
　——スクリプト　51
結果の重大性　7
結果の有害性の認識　3,4
権威概念　73
言語
　——的攻撃場面　16
　——的謝罪　5
　——による感情理解　50

行為の意図　7,8
後悔　8,9
攻撃的感情　9,41
向社会的行動　64
個人的責任の認識　3,4

さ
罪悪感　9,16,19,24,25,67
　——の認識　6
　——の認知　35,43,48,53
しつけ　50
自発的でない謝罪　65
社会的
　——感情　9
　——行動　3,63
　——望ましさ　17
　——判断　34
謝罪（apology）　1,3,4
　——－許容スクリプト　87
　——効果の認識（recognition of apologies effect）　5
　——した動機となる感情　10
　——する理由　14,23
　——認知　7,36
　——の識別　3
　——の本来の機能　8
熟考的なプロセス　88
情動表出行動　10
情動表出の調整　85
自律的な道徳　14,28
親密性　6,14,23
制止　64,65
誠実な謝罪（sincere apology）　5,6,13

正当化（justification） 3,4
責任の受容 6
善悪判断 7
促進効果 80

た
対人葛藤場面 1,63,88
代弁 64,65
代用 86
他者
　——から促された謝罪 69,74
　——感情理解 34,83
他律的な道徳 14,28
中立化 86
動機づけ 9
道具的謝罪（instrumental/perfunctory apology） 5,6,8,13,34
道徳的評価 9
道徳判断 7

な
仲間拒否 13

は
恥 9,10

罰の回避 13,14,24,26
反省 8
　——の表出 34
P-Fスタディ 17
被害内容 18
否認（denial） 3,4
表示規則 50,85
標準的謝罪 8,34
表情 33,34
　——図 37
　——認知 51,61
物理的被害の有無 16
弁解（excuse） 3,4,8
弁明（accounts） 3,4
補償的謝罪 8,34
補償的反応 21
本質的な対人葛藤解決 2,63

ま〜わ
身振り 33
モデリング 3,63,65
模倣 1,5
抑制効果 80
分かち書き 23

【執筆者紹介】
田村綾菜（たむら・あやな）
昭和女子大学人間社会学部心理学科助教
京都大学大学院教育学研究科博士後期課程修了
博士（教育学）
主著に，『感情科学』（共著，京都大学学術出版会）など。

謝罪と罪悪感の認知発達心理学

| 2013年2月20日 | 初版第1刷発行 | （定価はカヴァーに表示してあります） |

著　者　　田村綾菜
発行者　　中西健夫
発行所　　株式会社ナカニシヤ出版
〒606-8161　京都市左京区一乗寺木ノ本町15番地
　　　　　Telephone　075-723-0111
　　　　　Facsimile　075-723-0095
　Website　http://www.nakanishiya.co.jp/
　Email　iihon-ippai@nakanishiya.co.jp
　　　　　郵便振替　01030-0-13128

装幀＝白沢　正／印刷・製本＝西濃印刷株式会社
Printed in Japan.
Copyright © 2013 by A. Tamura
ISBN978-4-7795-0695-6

◎本書のコピー，スキャン，デジタル化等の無断複製は著作権法上での例外を除き禁じられています。本書を代行業者等の第三者に依頼してスキャンやデジタル化することはたとえ個人や家庭内の利用であっても著作権法上認められておりません。